Für Wilhelmina

PETER ZUMTHOR

2002–2007

Bauten und Projekte

Band 4

Herausgegeben von Thomas Durisch

Scheidegger & Spiess

Galerie Bastian, Berlin, Deutschland
2002–2003

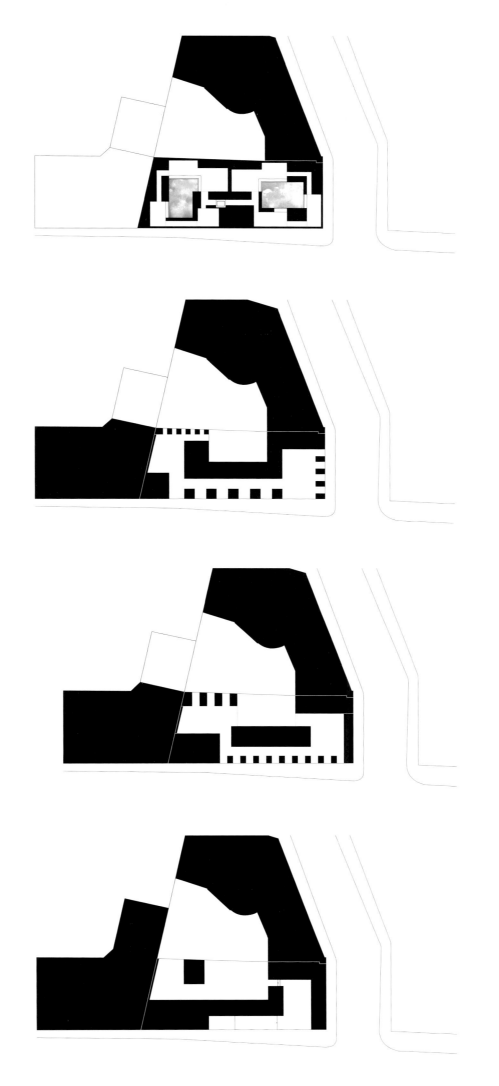

0 1   5   10

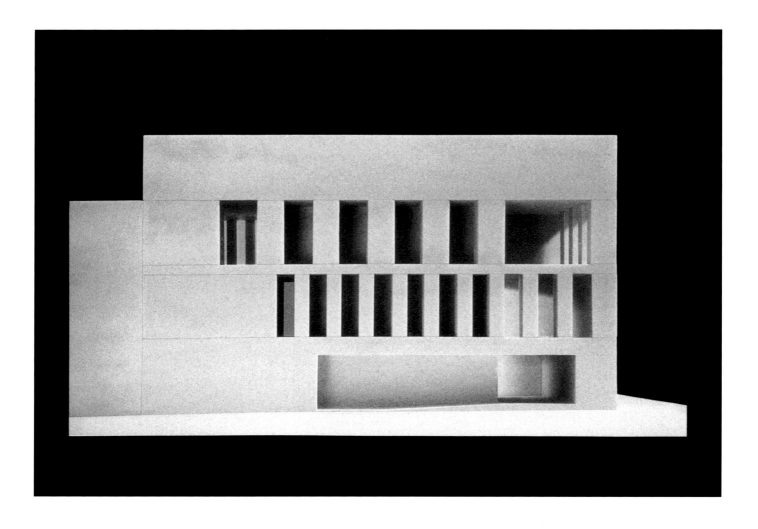

Gesucht war ein Galeriegebäude mit zwei Wohnungen für einen privaten Kunstsammler. Das Gebäude sollte auf ein unbebautes Eckgrundstück am Kupfergraben bei der eisernen Brücke, gleich gegenüber der Museumsinsel, in Berlin zu stehen kommen.

Der Entwurf arbeitet mit der am Ort versammelten Wucht und kühlen Eleganz des preussischen Klassizismus. Das Thema des Neubaus sollten grosse, präzise geschnittene Steinblöcke sein. Wir haben versucht, die Stimmung von Klarheit und Heiterkeit der Umgebung in unserem Entwurf anklingen zu lassen. Am Anfang stand das Bild eines besonderen Steinbaukastens. Das Haus entwickeln hiess den Steinbaukasten entwickeln; Massen, Grössen und Regeln finden. Das Galeriegebäude wurde zum tektonischen Gefüge, ersonnen zur Bildung besonderer Räume.

Wohin die Reise geführt hätte, wissen wir nicht. Was wäre aus dem weissen Marmor aus Carrara, mit dem wir das Modell bauten, am Ende geworden – kalkweisser Beton?

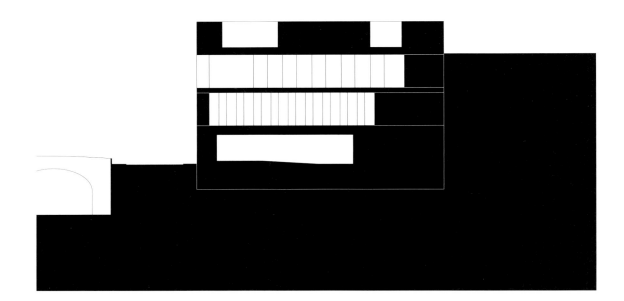

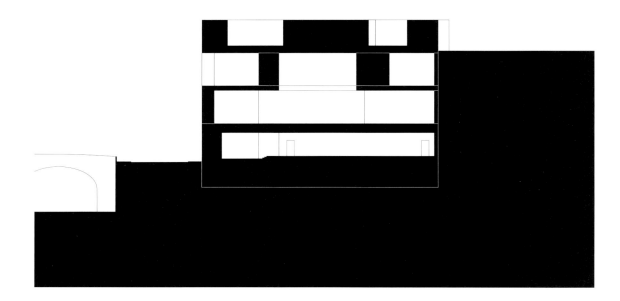

0 1   5   10

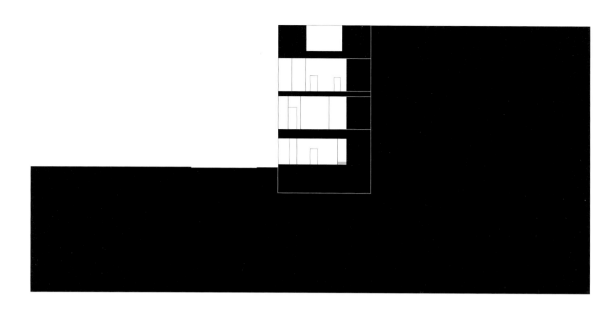

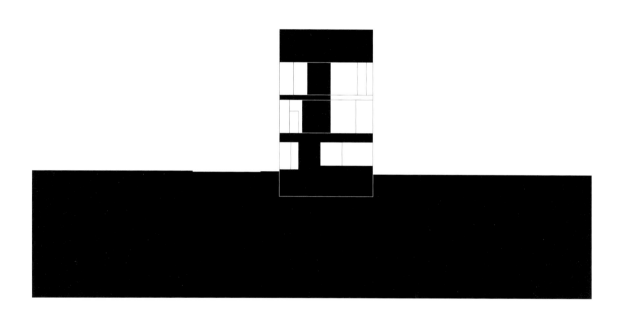

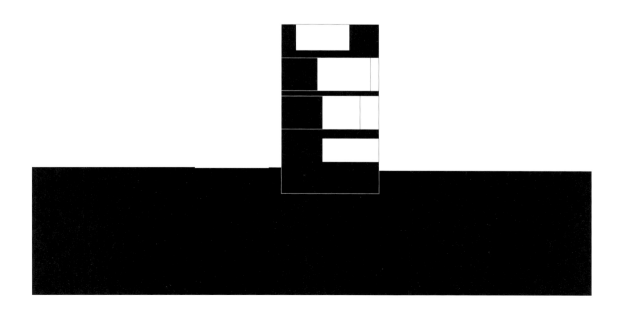

Redevelopment of De Meelfabriek, Leiden, Holland
seit 2002

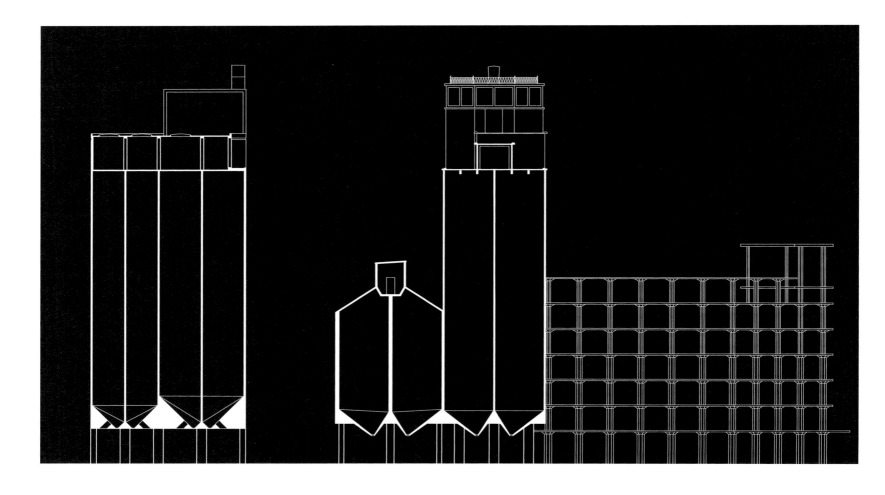

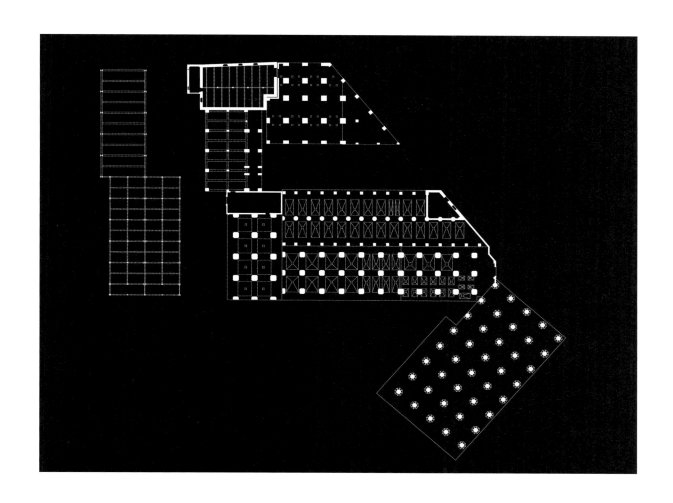

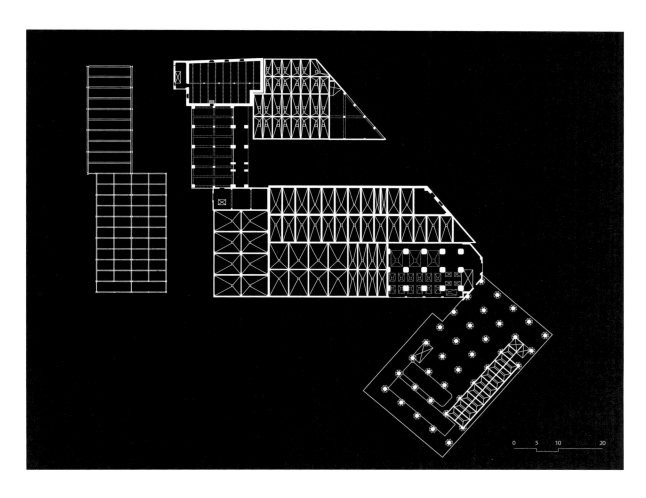

Fotos aus der ersten Hälfte des 20. Jahrhunderts zeigen am Nordrand der Altstadt von Leiden reges industrielles Leben. Man sieht, dass die Zijlsingel, die ursprünglich ein Teil der Befestigungsanlage der Stadt war, als industrielle Wasserstrasse genutzt wird. An ihrem Ufer erkennt man eine Baumwollspinnerei, die Katoenfabriek, eine Ankerfabrik und dazwischen einen Mühlenkomplex mit grossen Produktions- und Lagergebäuden, die zusammengedrängt auf einer vorspringenden Bastion der früheren Stadtbefestigung liegen. Die Mühle ist historisch gewachsen. Sie hat sich seit ihrer Gründung im Jahr 1883 ständig verändert. Alte Gebäude wurden abgebrochen, umgebaut oder erweitert, neue kamen hinzu.

Heute wirkt die Meelfabriek, wie sie auf Holländisch heisst, im Stadtbild von Leiden wie ein Stück eingefrorene Industriegeschichte. Denn 1988 wurde der Betrieb der Mühle eingestellt. Seitdem steht sie leer. Ihre Nachbarn, die Ankerfabrik und die Baumwollspinnerei, wurden abgerissen. Der zur ehemaligen Stadtbefestigung gehörende Grünstreifen, auf dem man die Fabriken gebaut hatte, wurde an dieser Stelle wieder hergestellt. Es entstanden zwei kleine Grünflächen: der Ankerpark und der Katoenpark.

Weniger günstig verlief die bauliche Entwicklung im angrenzenden Altstadtgebiet hinter den Fabriken. Dort gab es ein Quartier mit Arbeiterhäusern, das abgetragen und durch belanglose Zeilenbauten ersetzt wurde. Städtisches Leben ist mit diesen Neubauten nicht eingekehrt. Öffentliche Räume, die man gerne besuchen würde, gibt es keine. Und die aus einer früheren Zeit übrig gebliebene Meelfabriek, die alles im Quartier überragt, ist zwar ein eindrückliches Monument, aber auch ein unnahbarer Koloss. Inzwischen ein Industriedenkmal geworden, steht sie da, imposant, leer und bis vor Kurzem auch vollständig unzugänglich.

In dieser Ausgangssituation war es zunächst unsere Aufgabe, städtebauliche Strategien und Massnahmen vorzuschlagen. Der Stadtteil rund um die Meelfabriek sollte neu belebt werden. Der alte Fabrikkomplex stand bei dieser Arbeit im Zentrum. Er gehört zur Geschichte und Identität der Stadt und hat das Potenzial, neues Leben in sich aufzunehmen. Die kräftigen architektonischen Strukturen der alten Fabrikbauten bieten vielfältige Nutzungsmöglichkeiten. Neue städtische Energien können entstehen.

Das Konzept der städtebaulichen Erneuerung haben wir in einem Masterplan festgehalten, der 2007 von der Stadt Leiden genehmigt wurde. Er hält im Grundsatz fest, dass auf dem Areal sowohl gewohnt als auch gearbeitet werden soll, er zeigt, dass öffentlich zugängliche Räume und Einrichtungen geschaffen werden, und er schlägt für die alten und neuen Gebäude eine reichhaltige Mischung von verschiedenen Nutzungen vor, die ein lebendiges Zentrum entstehen lassen sollen: Loftwohnungen, Familienwohnungen, Wohnungen für Junge und Betagte, Ateliers, Arbeits- und Verkaufsflächen für künstlerische und handwerkliche Berufe, Restaurants, Cafés, Räumlichkeiten für kulturelle Anlässe (Ausstellungen, Film, Theater, Seminare, Workshops), weiter Läden für den täglichen Bedarf, aber auch besondere Nutzungsformen, die eine Magnetwirkung haben und über die Stadt Leiden hinaus ausstrahlen, wie ein exklusives Hotel oder ein Wellnessgebäude mit einem besonderen Angebot für Körper und Seele.

Baulich gesehen, arbeitet der Masterplan mit einem Dialog von alten und neuen Volumen. Den alten Industriebauten der Mühle werden neue Baukörper gegenübergestellt. Das geplante Ensemble lebt von der Spannung zwischen Alt und Neu. Dabei bleiben die ursprünglichen Bautypen erkennbar und behalten ihre Identität. Eingebunden in die Gesamtkomposition, soll auch jedes einzelne der neuen Gebäude eigenständig gestaltet werden. Das neue Quartier, eine Gemeinschaft von besonderen baulichen Charakteren – dieses Bild ist von der alten Fabrik inspiriert.

Die städtebauliche Anordnung der Baukörper und Freiflächen generiert neue, im Wesentlichen verkehrsfreie öffentliche Räume: die Meelfabriekplaza, den Meelfabriekpark, eine Fussgängerpassage, die durch das ehemalige Fabrikgelände hindurchführt, vom Ankerpark bis zum Katoenpark. Entlang der Waardsgracht und am Looiersplein werden traditionelle Strassenräume gebildet. In der Mitte des Areals wird die in der Verlängerung der Binnenoostsingel einst zugeschüttete Gracht rekonstruiert und erhält eine Fussgängerbrücke, die die Meelfabriekplaza mit dem Meelfabriekpark verbindet. An der Zijlsingel, im Bereich der Silos, soll ein kleiner Hafen als Anlegestelle für Taxiboote entstehen. Die Eingänge zu den einzelnen Gebäuden, zu den Läden und Restaurants sind in dieses Netz von öffentlichen Passagen und Plätzen eingebunden. Das Areal der Meelfabriek wird zu einem Teil der Stadt.

Was meine nun schon zehn Jahre andauernde planerische Arbeit an der städtebaulichen Erneuerung des Meelfabriekareals immer wieder beflügelt hat, ist die architektonische Kraft der historischen Industriebauten. Die Kollektion von verschiedenen Tragwerkstypen, deren Form von der jeweiligen Nutzung des Gebäudes spricht, fasziniert mich: der von Geschoss zu Geschoss, von oben nach unten immer kräftiger werdende Pilzsäulenwald des Mehlmagazins, der unverwüstliche Charakter der Betonrahmenbauweise der Schoonmakerij, die eleganten Stahlskelettkonstruktionen des Molengebouw und des Riffellokaal oder die dichten Wabenstrukturen der Getreidesilos. Die Pfeilerhallen zu ebener Erde, die die schweren Silostrukturen mit ihren wie Stalaktiten in die Rechtecke der Pfeilergevierte herabhängenden Betontrichtern tragen, haben etwas Sakrales. Das Nebeneinander dieser Gebäudetypen, gebaut für schwere Lasten und besondere Produktionsabläufe, ist beeindruckend.

Unser Masterplan sieht vor, das Innere dieser Gebäude, das, wie bei Industriebauten üblich, mit ihrer Tragstruktur nahezu identisch ist, vollständig zu erhalten. Vorstudien haben gezeigt: Neue Formen der Nutzungen lassen sich darin problemlos einrichten, die architektonische Gestaltung profitiert von der historischen Grundsubstanz der Gebäude – industrielle Kraft als Hintergrund modernen Lebens.

Von den alten Fassaden dagegen nehmen wir Abschied. Die einfachen Verglasungen, die nicht wärmegedämmten Aussenwände, die einfachen industriellen Detaillierungen lassen sich nicht in unsere Zeit hinüberretten. Die historischen Gebäude erhalten alle ein neues Gesicht, Fassaden, die mit den alten Strukturen arbeiten und diese in einem neuen Licht zeigen: transparent und elegant.

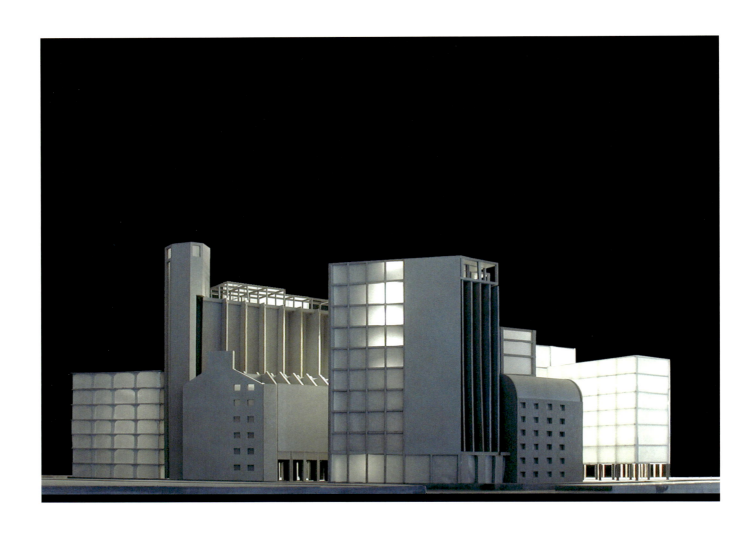

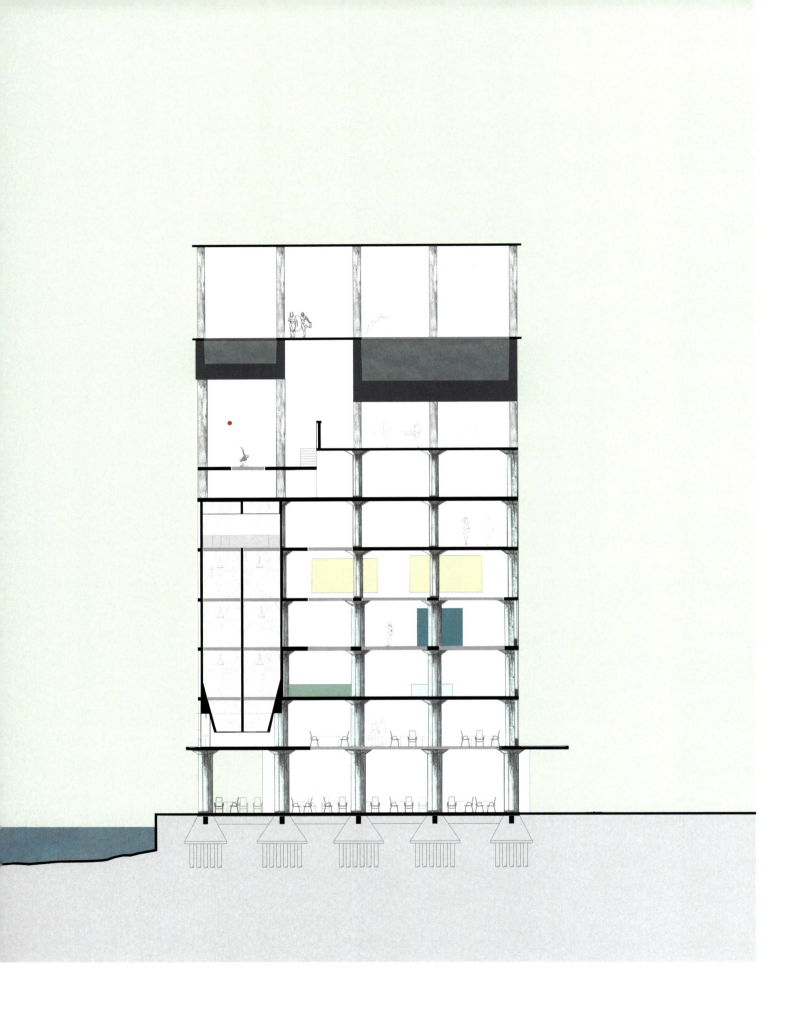

Sommerrestaurant Insel Ufnau, Zürichsee, Schwyz

2003 – 2011

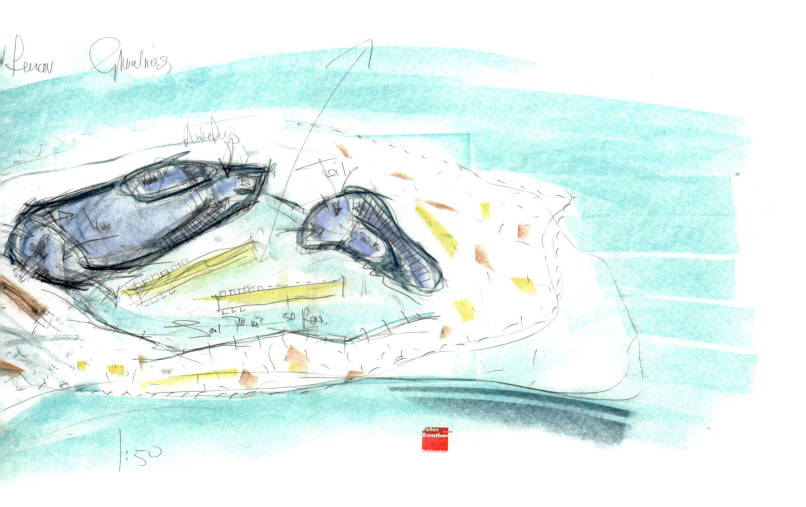

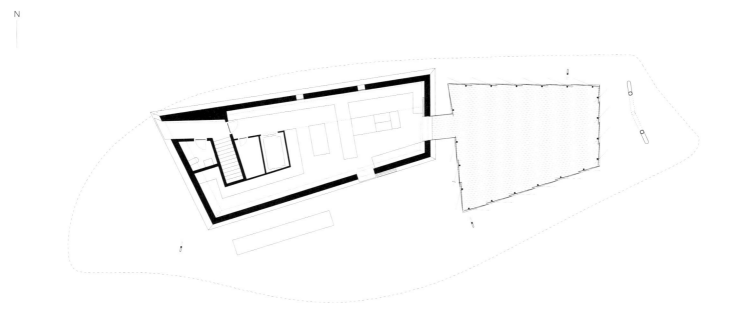

N

0 1   5   10

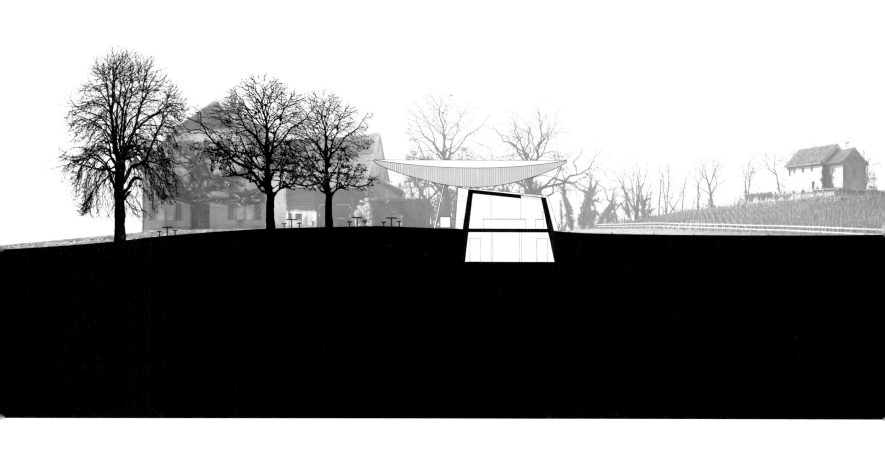

Die Insel Ufnau im Zürichsee ist ein Kleinod. Die zwei Kirchen, Sankt Peter und Paul und Sankt Martin, aus dem 12. Jahrhundert, der Gasthof «Haus zu den zwei Raben» aus barocker Zeit, eine grosse Scheune und der Arnstein, ein kleines Lusthaus in den Bäumen, in dem die Mönche des Klosters Einsiedeln früher Ferien verbrachten, bilden mit der Topografie und der Landschaft der Insel eine Einheit. Seit über tausend Jahren gehört die Insel dem Kloster Einsiedeln. In diesem lange andauernden Besitzverhältnis ist wohl auch der Grund zu sehen, dass das Ensemble der Insel inmitten der arg verbauten Zürichseelandschaft eine Art alte Schönheit hat bewahren können. Die Topografie der Insel, ihr von Bäumen gesäumtes Ufer, das Weideland, die Weinberge und die selbstbewusst gesetzten Gebäude stehen in einem stimmigen Verhältnis zueinander. Die Insel strahlt eine Heiterkeit aus. Da ist das Liebliche, von dem der Schriftsteller Gottfried Keller spricht, wenn er seine Heimat, die Landschaft rund um den Zürichsee, beschreibt. Ich sehe darin aber auch etwas Älteres, Erdgeschichtliches, wenn mir die Insel vorkommt wie der flach aus dem Wasser ragende Rücken eines grossen Fisches aus der Zeit der eiszeitlichen Gletscher, die in dieser Gegend einmal alles überdeckten.

War es ein vermessener Gedanke, den ich mit meinem Auftraggeber, dem Kloster Einsiedeln, teilte, diesen besonderen Ort mit einem Neubau zu bereichern? Aus praktischer Sicht gab es gute Gründe dafür, neu zu bauen. Die Ufnau ist ein beliebtes Ausflugsziel in der Region. Die Kursschiffe der Zürichsee Schifffahrtsgesellschaft legen im Sommer mehrmals täglich an der Insel an. An einem schönen Wochenende sind es hunderte von Personen, die hier an Land gehen. Die veralteten gastronomischen Einrichtungen sind diesem Andrang nicht gewachsen.

Das Kloster hat uns deswegen beauftragt, für die Sommergäste der Insel ein neues Restaurant zu planen, das aus einem kleinen Saal für besondere Anlässe, einer Küche, sanitären Einrichtungen und einer grossen Gastwirtschaft im Freien bestehen sollte. Die Besucherinnen und Besucher würden dabei ein einfaches Angebot von guter Qualität vorfinden. Gastlichkeit war das Stichwort, das unsere Arbeit leitete.

Unser Entwurf zeigt, als primäre Geste Schutz und Schermen bietend, eine von feinen Stützen in die Höhe gehaltene Dachschale aus Holz. Der alemannische Ausdruck Schermen, der in der Schweiz geläufig ist und mir im Zusammenhang mit diesem Projekt wichtig war, bedeutet Unterstand oder Schutzdach. Unter der aufgewölbten Schale des Schutzdaches, deren Silhouette die sanften Schwünge der Insellandschaft aufnimmt, liegt wie ein Findling ein gemauerter Block für die Küche und die Serviceräume, den wir «Küchenstein» nannten. Den kleinen Saal gestalteten wir als leicht über dem Boden schwebende Plattform aus Holz: Wir nannten ihn «Tanzboden». Er liegt gleich neben dem

«Küchenstein», umgeben von Paneelen aus Glas, die man je nach Wind und Wetter öffnet oder schliesst.

Das schwebende Dach des neuen Sommerrestaurants sucht die topografische Mitte, eine Krete in der Längsachse der Insel, die sich schwach unter dem sanft geschwungenen Teppich der Wiesen abzeichnet. Es will an dieser Stelle mit der alten Scheune und dem «Haus zu den zwei Raben» eine Hofgruppe bilden. Der Gastgarten, ein klassischer Kiesplatz mit Holztischen und Bänken unter den Schatten spendenden Bäumen, verbindet den Neubau mit den zwei älteren Bauten. Der Kiesplatz ist unter die neue Dachschale hineingezogen. Hier kann man im Schutze des offenen Daches Essen und Getränke bestellen und abholen. An einem schönen Sommertag, wenn auf der Insel Hochbetrieb herrscht, wird von der dort angeordneten grossen Theke aus serviert.

Mit unserem Entwurf verschwindet ein grober Anbau am «Haus zu den zwei Raben», der den alten Gasthof seit den späten dreissiger Jahren des letzten Jahrhunderts beeinträchtigt. Er wird zusammen mit anderen später dazugekommenen Nebenbauten entfernt. Die Atmosphäre des neu gestimmten Ensembles wirkt aufgeräumt und heiter, angereichert mit einer Prise festlicher Schönheit.

Unser Projekt gefiel dem damaligen Abt Martin Werlen und der Klostergemeinschaft, es gefiel der Behörde und der Mehrheit der Stimmbürgerinnen und Stimmbürger der Gemeinde Pfäffikon, zu der die Insel politisch gehört. Aber es gab auch Gegner, und diese riefen die Gerichte an. Die Insel Ufnau liegt in einer Schutzzone. Wir machten einen zweiten Entwurf, bei dem der Neubau näher an die bestehende Hofgruppe herangerückt wurde. Die Behörden und das Gericht des Kantons Schwyz, auf dessen Territorium die Insel liegt, befürworteten unser Vorhaben. Am Schluss hat jedoch das höchste schweizerische Gericht entschieden, dass auf der Insel Ufnau kein freistehendes neues Gebäude mehr errichtet werden darf, auch nicht, wenn es den störenden Anbau jüngeren Datums ersetzt.

Ausbildungszentrum Gut Aabach, Risch, Zug
2003–2013

Empfang

Auditorium

Restaurant

Studio

Dormitorien

Gymnasium

Das Gut Aabach ist eines der historischen Villengrundstücke, die seit dem späten 19. Jahrhundert am Westufer des Zugersees entstanden. Es hat eine schöne Uferpartie. Es gibt ein älteres Bootshaus, ein Holzsteg führt in den See hinaus, im seichten Wasser des Ufers steht Schilf, grosse Weiden, Erlen und Eschen säumen den geschwungenen Uferweg. Für Momente fühlt man sich wie in einem englischen Park. Etwas weiter oben, über einem von Bäumen eingefassten Wiesenbord, erreicht man eine sanft gerundete Hügelkuppe. Man meint, den Schliff des Gletschers zu spüren, der sie vor langer Zeit geformt hat.

Hier steht eine Villa aus den späten zwanziger Jahren mit französischem Garten, die nicht so recht zur restlichen landschaftlichen Gestaltung passen will.

Denn gleich in der Mulde hinter der Krete stehen wieder ältere Baumgruppen mit Ulmen, Hainbuchen, Eiben und Magnolien im naturnahen englischen Stil.

Ein pharmazeutisches Unternehmen hat das Gut Aabach erworben und will dort ein Ausbildungszentrum errichten. Unser Konzept sieht vor, die verschiedenen Nutzungen des Zentrums auf einzelne Gebäude zu verteilen. Die Architektur soll mit der Landschaft verschmelzen. Beabsichtigt ist ein Zusammenklang von Landschaft und Bauten, ein Campus im Park.

Das Wegnetz, mit natürlichen Materialien belegt, ist den Fussgängern vorbehalten. Die Wege führen in zwangsloser Weise von Gebäude zu Gebäude. Die verschiedenen landschaftlichen Situationen werden zurückhaltend erschlossen. Man erlebt den Ort und die Landschaft. Die zum Teil spontan entstandenen Parkelemente im englischen Stil werden erhalten und durch neue Bepflanzungen verstärkt, der unpassende Neubau auf dem Hügel samt französischem Garten wird entfernt.

Im Süden soll der Landschaftspark bis zur natürlichen Grenze des mäandrierenden Aabaches, der dort in den See fliesst, um eine landschaftliche Einheit erweitert werden. Es ist vorgesehen, die Fläche entlang des Baches bis zu seiner Mündung in die Schwemmkegellandschaft zurückzuverwandeln, die sie einmal war. In den für diese Mündungslandschaft typischen Weiden und Erlen, Eschen und Ahornen, fast alle neu gepflanzt, stehen fünf lange Holzkörper in der Fliessrichtung des Wassers, Pfahlbauten aus Holz, in denen sich die Gästezimmer des Ausbildungszentrums befinden, so sieht es unser Entwurf vor.

Die Neubauten des Zentrums reagieren alle auf die Topografie und die Landschaft und finden so ihren Ort. Auditorium, Restaurant und Studiogebäude sind um die Hügelkuppe gruppiert. Die Krete, auf der heute noch die Villa steht, wird freigehalten, das neue Restaurant zieht sich in die Senke zurück und blickt von hinten über die Kuppe auf den See. Das Auditorium schmiegt sich in die Mulde, das Gymnasium, vorgesehen für die körperliche Ertüchtigung und Entspannung, sucht den Kontakt zu den Bäumen in der Flussebene vor dem Hügel. Trotz ihrer beachtlichen Grösse sind alle Bauten aus massivem Holz. Innen und aussen. Und sie stehen auf Holzpfählen. Die Baukörper schweben. Die topografische Modellierung der Landschaft bleibt erhalten. Sie wird zum Teil rekonstruiert, manchmal leicht verstärkt. Der Schwung der Landschaft zieht unter den Gebäuden hindurch.

Das Bauen mit Holz hat in dieser voralpinen Region Tradition. In der Schweiz werden auch immer wieder neue Techniken des Bauens mit Holz entwickelt und erprobt. Aus diesen Tatsachen schöpfen wir den Mut, Gebäude dieser Grösse zu entwerfen, die ganz aus Holz konstruiert sind, kräftig und elegant zugleich.

7,80 ~ mae

Port Alberni, Learning Centre
gymnasium ~th oldt. c1010

1:100

Churchill 1:100

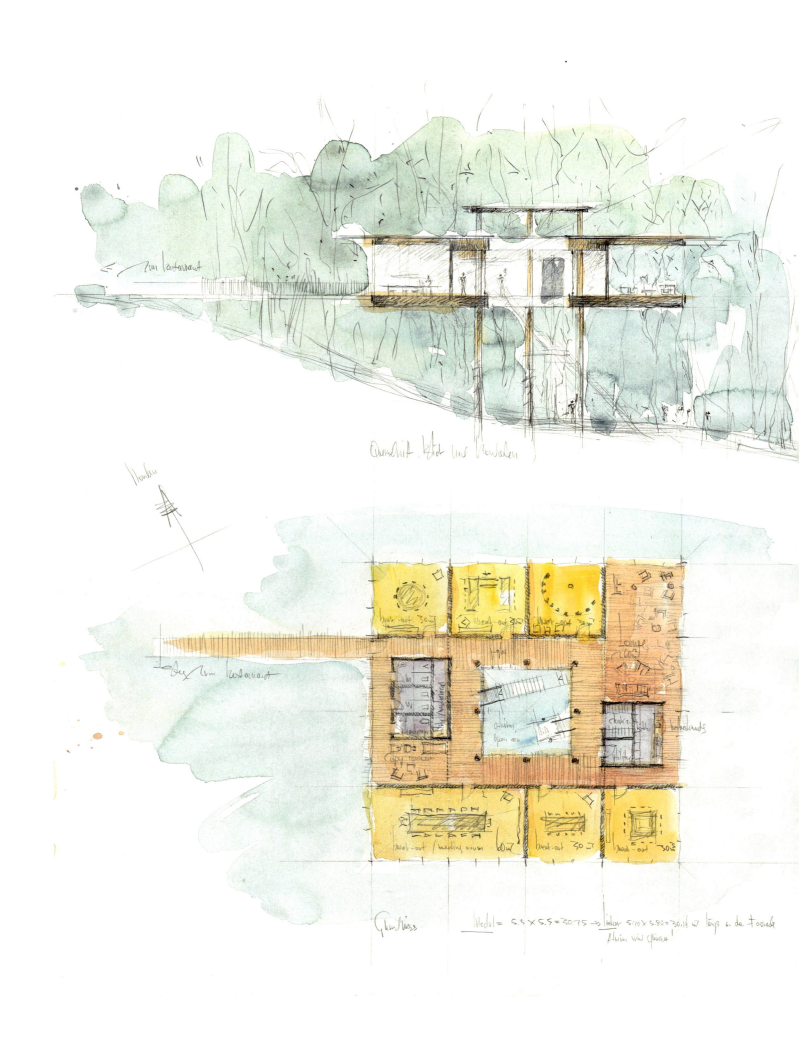

Out Arbour, Learning Center
Studio Building
1:100 Col. Trace Ph.

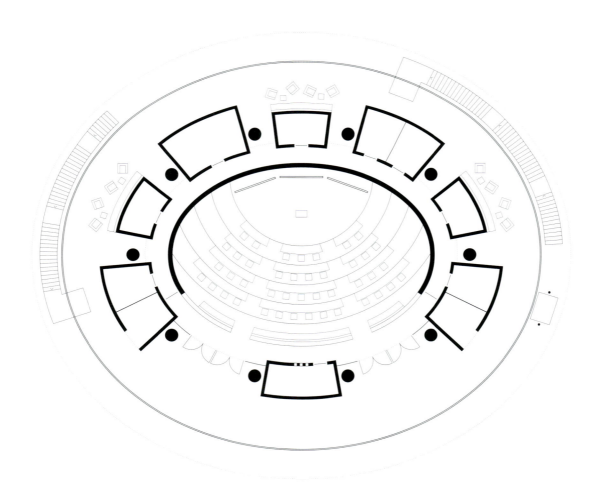

0 1 2   5

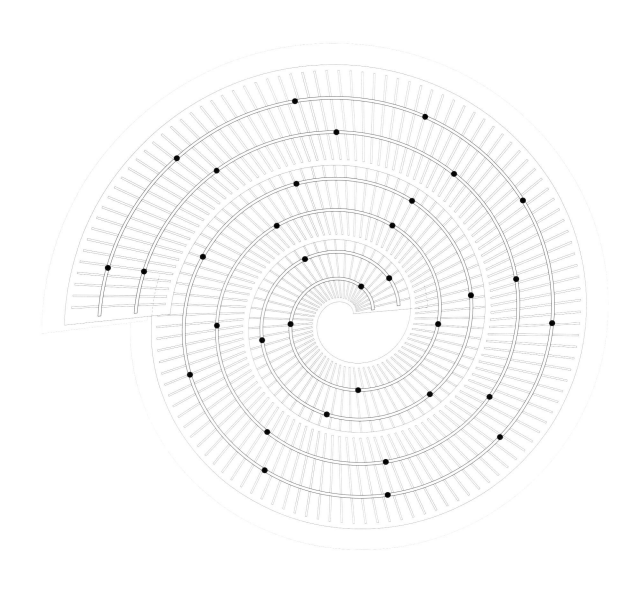

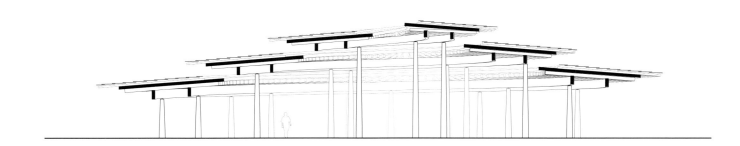

0 1 2 5

Zinkminenmuseum Almannajuvet, Sauda, Norwegen
seit 2003

In der Almannaschlucht im norwegischen Sauda wurde ab 1882 unter einfachsten
Bedingungen Erz abgebaut. Auf einem eigens gebauten Pfad, der sich aus
der Schlucht herausschlängelt, zogen Maultiere die im Berg gewonnenen Stein-
brocken auf Karren bis zur Felskante, von wo man sie auf den Talboden
hinunterwarf, um sie zu zerkleinern. Dort wurden sie gewaschen, etwa zehn
Kilometer weiter in den Hafen von Sauda transportiert und zur weiteren
Verarbeitung nach England verschifft. 1899 wurde der Abbau eingestellt. Die
Weltmarktpreise für Zink hatten sich verändert.

Ungefähr dort, wo einst das Erz gewaschen wurde und früher eine Mann-
schaftsbaracke auf einem Felssporn sass, befindet sich heute ein Rastplatz der
Reichsstrasse 520, die Teil der norwegischen Touristenstrassen ist. Diese
führen über gut eintausendachthundert Kilometer vom Süden bis in den Norden
des Landes und laden mit besonders gestalteten Raststätten immer wieder
dazu ein, an landschaftlich schönen Punkten oder geschichtlich interessanten
Orten Halt zu machen.

Unser Projekt, welches das norwegische Strassenbauamt Statens vegvesen
in Auftrag gab, will die fast vergessene Geschichte der Zinkmine in Erinnerung
rufen und an Ort und Stelle erlebbar machen. Denn in der Tat, blickt man
genau hin, findet man in der Schlucht Spuren dieser Geschichte: den Transport-
pfad, beginnend am Eingang des Stollens, eingekerbt in den Hang, mit Stütz-
mauern und Stegen; die Fundamente der ehemaligen Abwurfplattform aus Holz
sowie Fundamentreste, die zu einfachen Holzbauten gehörten, die es nicht
mehr gibt.

Unser Entwurf arbeitet mit diesen Elementen. Er schlägt eine Familie von
vier Bauten vor, einfache, leicht im Gelände auftretende Holzkonstruktionen, die
entlang des alten Grubenweges aufgereiht sind. Das kleine Freilichtmuseum
beginnt am neu gestalteten Rastplatz. Dort befindet sich das erste Mitglied der
Gebäudefamilie, ein Servicegebäude. Gegenüber dem Rastplatz haben
wir eine neue Steintreppe gebaut, die zum ehemaligen Grubenweg hinaufführt.
Folgt man dem Pfad, trifft man schon nach wenigen Schritten auf das
Grubencafé. Es dient im Sommer den Touristen und steht das ganze Jahr über
der Bevölkerung von Sauda und Umgebung als Ort für kleine Anlässe zur
Verfügung. Im Café gibt es Einfaches aus der Region zum Essen und Trinken,
und man kann Kleidungsstücke und Gebrauchsgegenstände kaufen, die

von Frauen und Männern aus der Gegend hergestellt werden. Dafür haben wir Entwürfe zum Thema «Alte Techniken – neue Formen» angeregt. Dass die Menschen von Sauda an der Nutzung und am Betrieb der Anlage mitwirken können, war uns wichtig.

Nach einer weiteren Wegbiegung in der Schlucht trifft man auf ein Schutzdach, unter dem man sich versammelt und einen Helm mit Grubenlicht erhält, wenn man an einer Führung in die Mine teilnehmen will. Gleich daneben steigt man zum Grubenmuseum hoch, dem vierten und letzten Mitglied der Gebäudefamilie, das genau dort am Felsen klebt, wo früher das Erz abgeworfen wurde.

Mit der Hilfe von Leiv-Arild Berg, einem Einheimischen, der sich schon lange mit der Grube beschäftigt, haben wir für das Museum alle Dokumente zusammengetragen, die wir noch finden konnten. Die Ausbeute – man sieht es der Ausstellung in unserem kleinen Museum an – war gering, aber gerade deswegen eindrücklich: Aktienbriefe, Kaufverträge, Versicherungsdokumente, Stundenlisten, wenige alte Fotografien und einige Arbeitsgeräte aus der Mine. Die Arbeit in der Mine war hart. Dokumente, die das bezeugen, scheinen schnell zu verschwinden. So baten wir den Historiker Arnvid Lillehammer, die Geschichte der Mine aufzuschreiben, und den Geologen Stein-Erik Lauritzen, diese zu kartieren, Bergbau und Geologie zu beschreiben. Kjartan Fløgstad, der norwegische Schriftsteller, der aus Sauda stammt, stellte in unserem Auftrag eine Anthologie mit Texten aus der Weltliteratur zum Thema des Untertage-Seins zusammen: «Sub Terra – Sub Sole». Die drei Bücher, gestaltet von Aud Gloppen, werden als Unikate im Museum gezeigt.

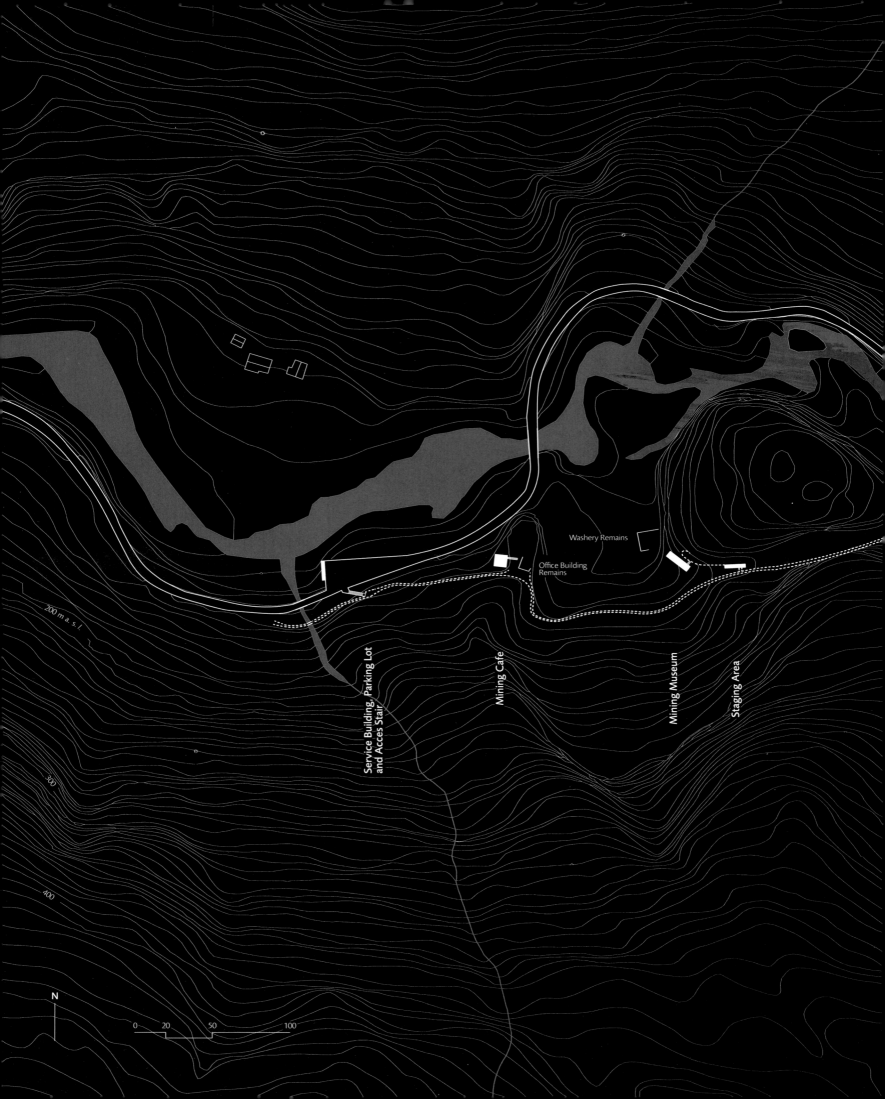

200 m a. s. l.

300

400

Washery Remains

Office Building
Remains

Service Building, Parking Lot
and Acces Stair

Mining Cafe

Mining Museum

Staging Area

N

0   20   50   100

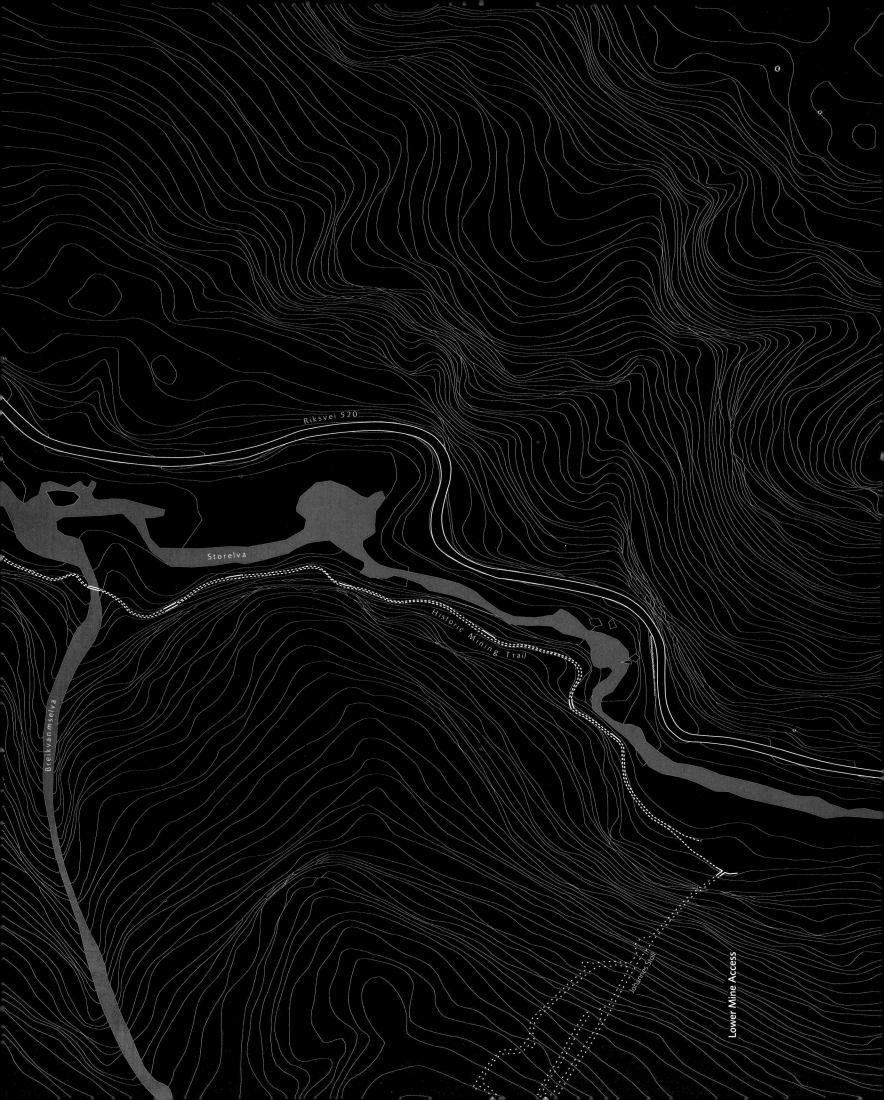

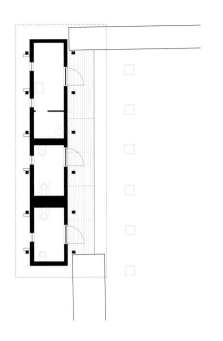

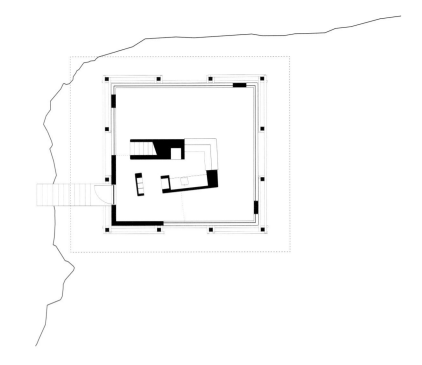

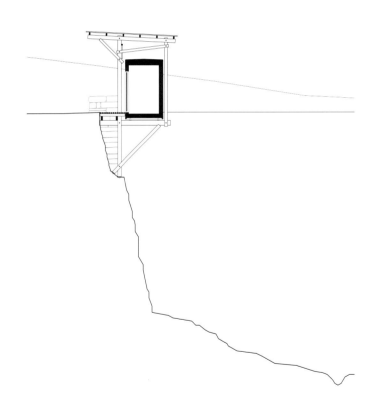

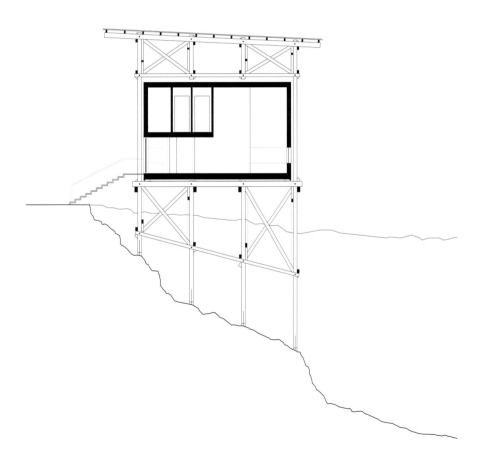

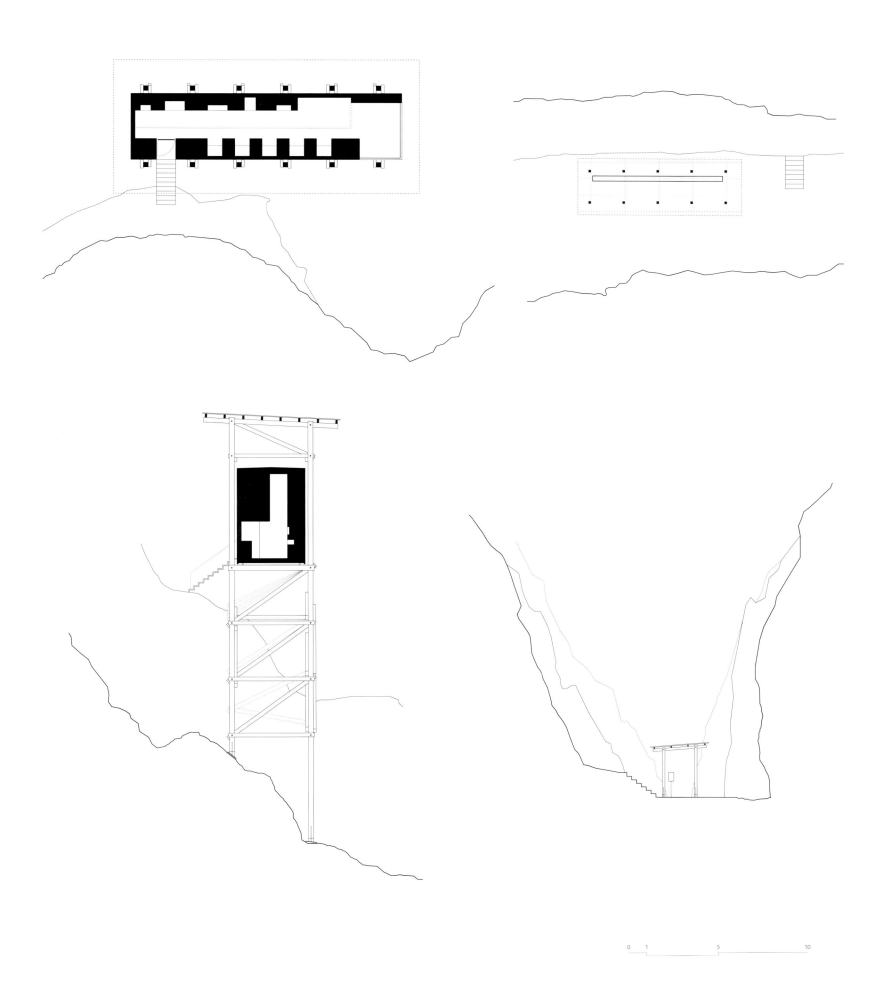

Wohnüberbauung Güterareal, Luzern
2005 – 2006

Zehn gläserne Baukörper bilden ein Ensemble mit öffentlichem Charakter, ein kleines Energiezentrum für das Quartier hinter dem Bahnhof in Luzern. Bauten und Zwischenräume sind ineinander verschränkt und im Ganzen einer Komposition gefasst, die auf Gleichgewicht, Spannung und räumlicher Dichte basiert.

Eigentlich hätte ich leicht in Erfahrung bringen können, dass die Schweizerischen Bundesbahnen, die seit einiger Zeit dabei sind, ihre nicht mehr gebrauchten Geleisegrundstücke in zentralen Bahnhofslagen zu Geld zu machen, nicht in erster Linie an guter Architektur interessiert waren, sondern an der bestmöglichen kommerziellen Verwertung des Areals. Überlegungen, die ein Engagement für die Stadt als Lebensraum voraussetzen, spielten, wie ich später feststellen konnte, bei der Auswahl des zu realisierenden Projektes keine wesentliche Rolle. Aber da war dieses gut gelegene Grundstück im Herzen der Stadt, diese Leerstelle im Stadtgewebe, von der wir dachten, sie sei geeignet für den Versuch, ein kleines Lehrstück heutigen urbanen Wohnens zu formulieren. Diese Ausgangslage verführte uns dazu, ohne weitere Vorabklärungen am Wettbewerb teilzunehmen. So kamen wir zwar nicht zum Bauen, haben aber viel gelernt.

Die ausgezeichnete Lage des Grundstücks – Altstadt, Bahnhof, Kongresshaus und die weltberühmte Luzerner Seebucht liegen gleich vor der Haustür und sind zu Fuss erreichbar – legte es nahe, exklusive Stadtwohnungen zu planen, für die es ein Bedürfnis gibt.

Die Grundfigur der Siedlung arbeitet mit Masse und Leere. Die länglichen Körper stehen dicht zusammen. Der Leerraum zwischen den Häusern fliesst aus dem offenen Stadtraum in das Ensemble hinein, wo er sich in der Verzahnung der Baukörper verfängt. Wir hatten die Geschlossenheit der gegenüberliegenden Altstadt, deren Wohnungen sich trotz oder gerade wegen der dichten Bauweise grosser Beliebtheit erfreuen, studiert, und im Ohr hatte ich den Satz von Anna Katharina, meiner Tochter, die mir gesagt hatte, dass sie eine besonders zugeschnittene Wohnung oder auch eine Wohnung mit nur einem einzigen, merkwürdig geformten Raum jederzeit einer Standardwohnung vorziehen würde.

So haben wir die Wohnungen individuell zugeschnitten und mit ihnen gläserne Baukörper formuliert, die sich mit städtischer Eleganz auf den gemeinsamen Freiraum beziehen, dem wir einen altstädtischen Massstab gaben.

Im Verlaufe der Entwurfsarbeit entdeckten wir das Gegenüberwohnen von Haus zu Haus. Anders als das Nebeneinander- oder Übereinanderwohnen erzeugt das im Projekt vorgeschlagene Gegenüberwohnen ein besonderes Gemeinschaftsgefühl, das aus der räumlichen Nähe und der geschützten Autonomie der Wohnsituation kommt. Nähe und Distanz stehen in einem Spannungsverhältnis, nachbarschaftliche Gefühle werden stimuliert.

bauraeffchisse 1:500 nov. 05

Wohnungsmix:

chhacheal skk Ivam
Wettbewerbs

35x12=420m²   35x12=600m²   38x36=290m²   (Front hour) braw

300m²   3-4 Hotu
                                                                     30x12= 86m²

                                                             Stuhhad 8-12 Individuell
                                                                     Physiaplan
38x12=   35x12=   10x15=   55x15=825m²
24x12=70m² 420m²   150m²   38x11=418m²

                                                      Aktiva, Revolucius, hacqua

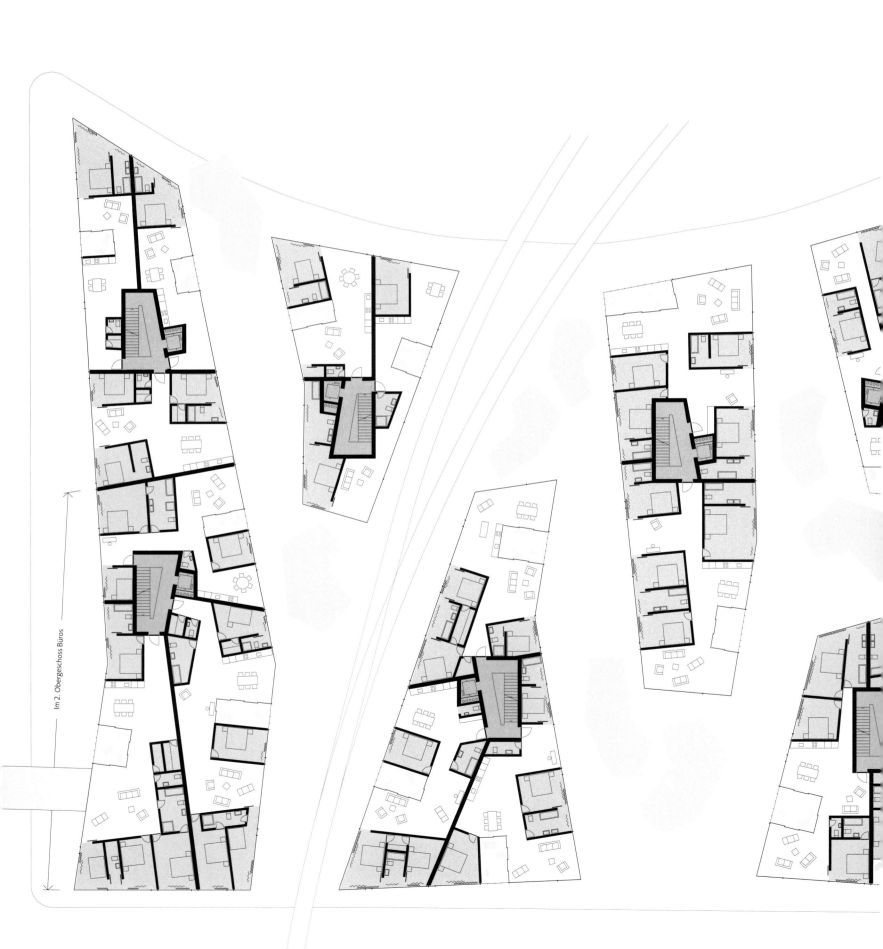

N

Im 2. Obergeschoss Büros

Im 2. Obergeschoss Büros

0 1   5   10

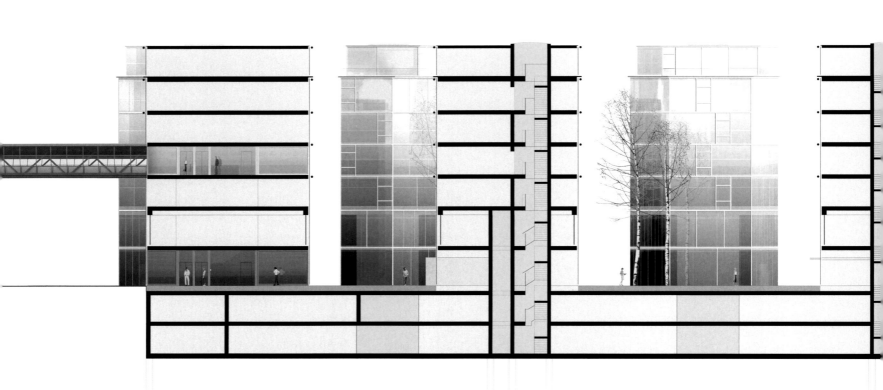

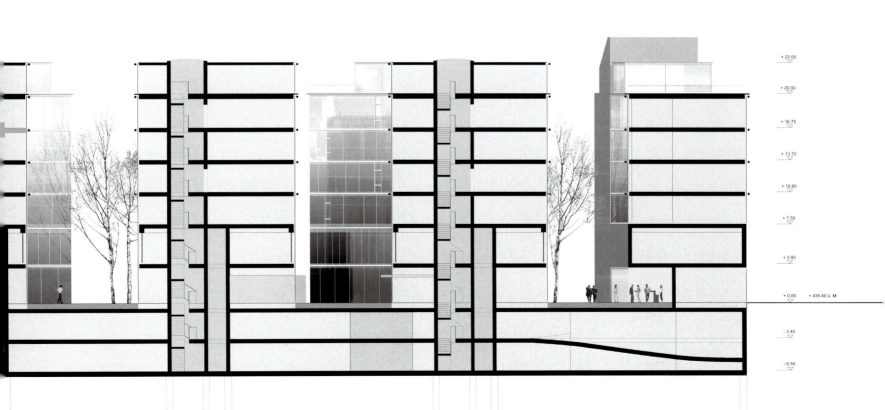

+ 23.00

+ 20.00

+ 16.75

+ 13.70

+ 10.60

+ 7.55

+ 3.80

+ 0.00   + 435.40 ü. M.

- 3.40

- 6.50

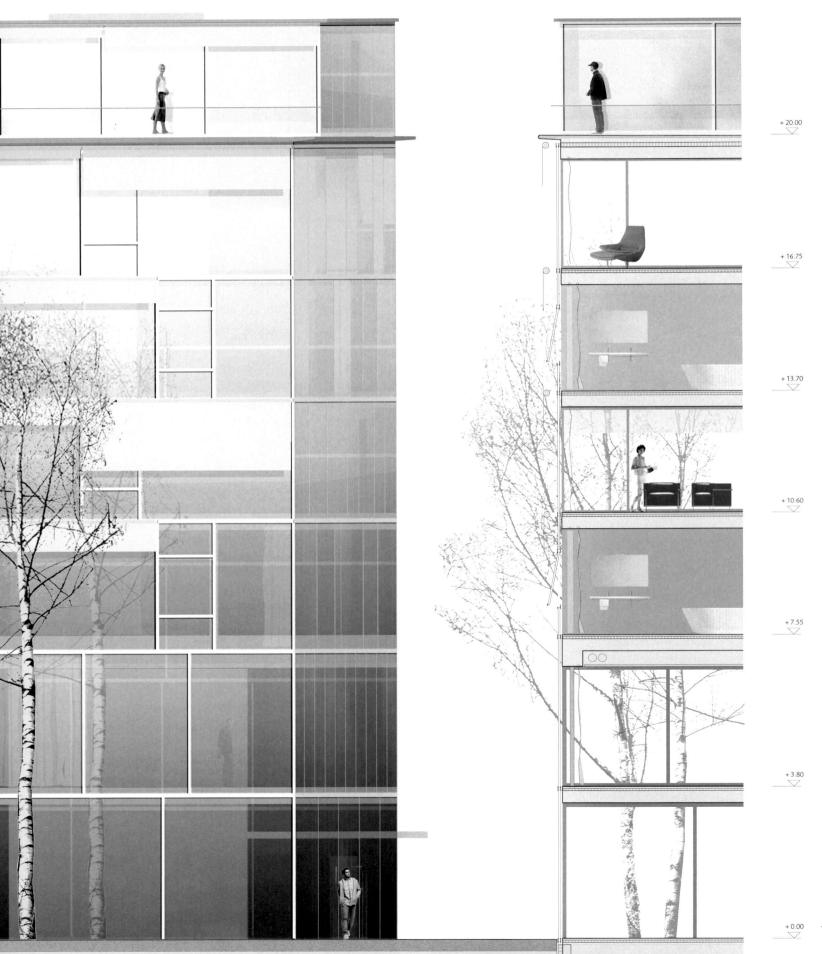

+ 20.00

+ 16.75

+ 13.70

+ 10.60

+ 7.55

+ 3.80

+ 0.00   + 435.40 ü.M.

Zimmerturm Therme Vals, Graubünden
2005 – 2012

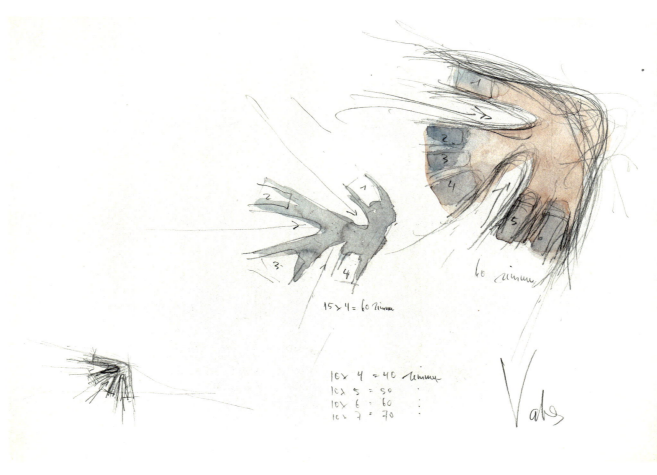

1 : 100

Valentinni
Juli 05

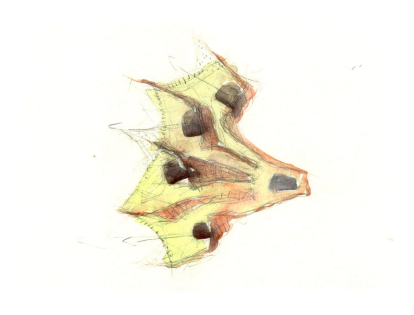

Ich liebe Hotels, diese Lebensgemeinschaft auf Zeit. Die Spannung zwischen
der intimen Privatheit der Zimmer und der halbanonymen Öffentlichkeit
in Halle, Bar und Restaurant erzeugt eine besondere Atmosphäre, die mich
fasziniert.

In Vals habe ich für den Wald oberhalb der Therme einen kleinen Zimmerturm entworfen, eine atmosphärische Skizze für das Hotel meiner Träume, das
ich noch nicht gebaut habe. Der Turm, der in sich aufsplitternden und sich
auseinanderfaltenden Wandschalen aus dem Tannenwald aufsteigt, zelebriert
die Aussicht und feiert die Landschaft. Ist man aus seiner rückwärtigen
Erschliessungsschicht in eine der sich auffächernden Aussichtskanzeln der
Zimmer vorgedrungen, schwebt man gleichsam im Himmel und fühlt
sich frei.

Oberhus und Unterhus, Leis, Vals, Graubünden
2006–2009

In den siebziger Jahren kam ich mit den Bündner Bauernhäusern aus Holz in Berührung. Ich hatte deren Konstruktion und typologische Entwicklung über die Jahrhunderte in meiner Zeit als Architekt bei der Denkmalpflege Graubünden studiert und hielt sie für einen auslaufenden Bautyp. Erst Annalisa, meine Frau, die davon träumte, einmal in einem Holzhaus zu wohnen, und später Valentin und Lilian Luzi in Jenaz, die von mir einen Entwurf für ein Holzhaus wollten, brachten mich auf die Idee, mir zu überlegen, ob ich mit massiven Balken etwas Neues schaffen könnte. Ich begann, das Bauen mit Holz vom Material und der Konstruktion her neu zu denken, und schon bald wurden meine Gedanken frei. Staub und Mief, die mir beim Inventarisieren und Renovieren dieser alten Häuser Jahre zuvor oft in die Nase gestiegen waren, waren verflogen. Ich sah die Möglichkeit, mit Wandscheiben zu konstruieren, Flächen gegeneinanderzusetzen und so Räume zu bilden wie beim Spielen mit Kartenhäusern. Was im Laufe der Entwurfsarbeit entstand, erinnerte mich an die Hauskonstruktionen der De-Stijl-Architekten aus den zwanziger Jahren in Holland, die mit ähnlichen Prinzipien der Raumbildung gearbeitet hatten.

In meinem Text zum Haus Luzi in Jenaz habe ich beschrieben, welche Probleme wir bei dieser Arbeit zu lösen hatten und welche Antworten wir fanden.

Die Leiser Häuser, das Oberhus, das Unterhus und das Türmlihus, das die Gruppe vervollständigt, stehen am Ende dieser kleinen Forschungsarbeit zum Thema Bauen mit Holzbalken. Sind es beim Haus Luzi von 2002 im Prinzip noch fünf Holztürme und vier Zwischenräume, die den Aufbau des Hauses bestimmen, so sind die tragenden Raumzellen, die rechteckigen Schachteln aus Holz, die für die von uns entwickelte Blockbauweise charakteristisch sind, beim Oberhus von Stockwerk zu Stockwerk in verschiedenen Formaten und wechselnder Anordnung übereinandergeschichtet. Das räumliche und konstruktive Gefüge ist komplex. Ganze Raumteile kragen aus und bilden grosse Erker. Die vorspringenden Wandscheiben sind an den freien Enden mit Stahlkabeln zusammengespannt.

In den über die Fassade vorspringenden Erkern der Leiser Häuser sind die Wohn- und Schlafräume untergebracht. Die Erker sind grosszügig verglast. Die je nach Jahreszeit, Tageszeit und Wetter sich verändernden Bilder der Berglandschaft wirken ins Haus hinein. Man sitzt geborgen im Erker wie in einer Loge und erlebt die Inszenierungen der Natur aus nächster Nähe: Sturm, Schnee, Wind, Nebel, zerrissene Himmel, strahlendes Licht in der Landschaft.

Zimmerleute sind es von alters her gewohnt, ihre Konstruktionen in der Werkstatt im Voraus fertig zuzuschneiden, abzubinden und auf der Baustelle zusammenzusetzen oder, wie sie sagen, aufzurichten. Die heutige Zeichnungs- und Herstellungstechnik knüpft an diese Tradition der Vorfertigung an. Für die Wände, Decken und die Dächer des Oberhus und des gleichzeitig gebauten Unterhus benötigten wir gut fünftausend einzelne Balken. Diese wurden in der Werkstatt des Holzbaubetriebes von einem computergesteuerten Abbundautomaten auf die richtige Grösse geschnitten und mit allen notwendigen Nuten, Kämmen, Fälzen, Bohrungen und Aussparungen versehen. Die Fenster, Türen und haustechnischen Installationen konnten dann später auf der Baustelle eingebaut werden, ohne dass weitere Bearbeitungen am Holz vorgenommen werden mussten.

Die planerischen Informationen gingen als digitale Daten von unseren Werkzeichnungen auf den Rechner des Holzbauers und von dort, entsprechend weiterbearbeitet, auf die Abbundmaschine, die alle Hölzer fertig zurichtete. Dann aber wurde gearbeitet wie vor tausend Jahren. Das waren drei schöne Wochen im Spätsommer 2008 in Leis. Die Zimmerleute standen unter dem freien Himmel auf den immer höher werdenden Wänden und schichteten Balkenlage auf Balkenlage. Die rhythmischen Schläge der im Takt niedersausenden Vorschlaghämmer klangen hell, das frische Holz roch gut, und es war eine Freude, die Räume wachsen zu sehen.

Ansicht Seite

Institut für Architektur, Kurs 99   1:100   Ansicht Rückfassade / Dach

Institut für Architektur, Kurs 99   1:100

126

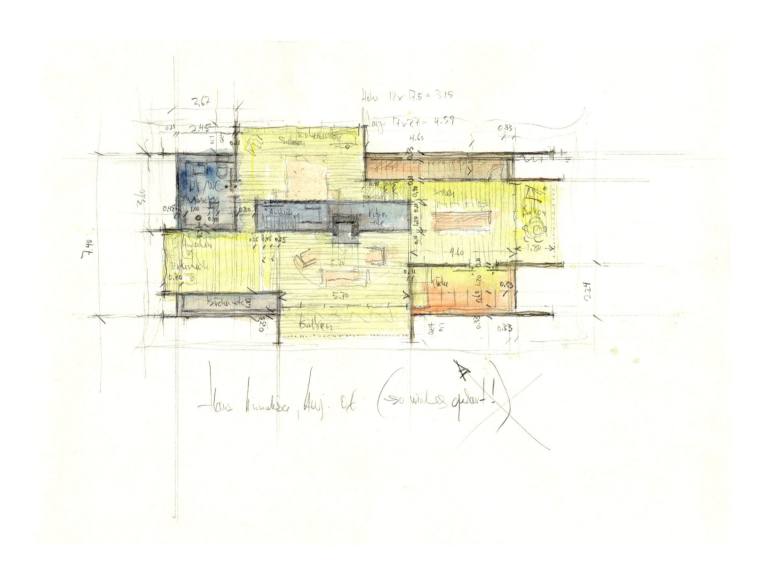

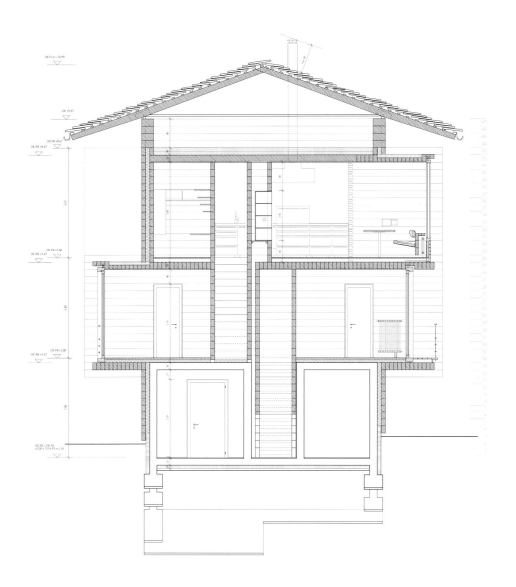

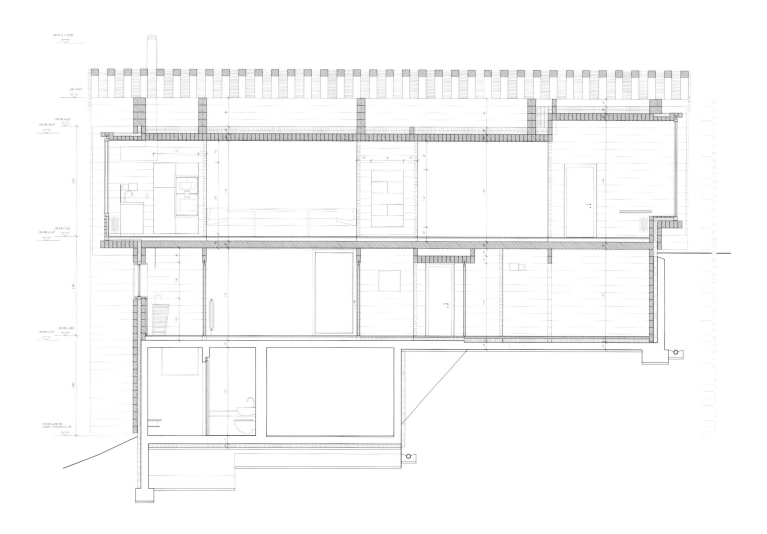

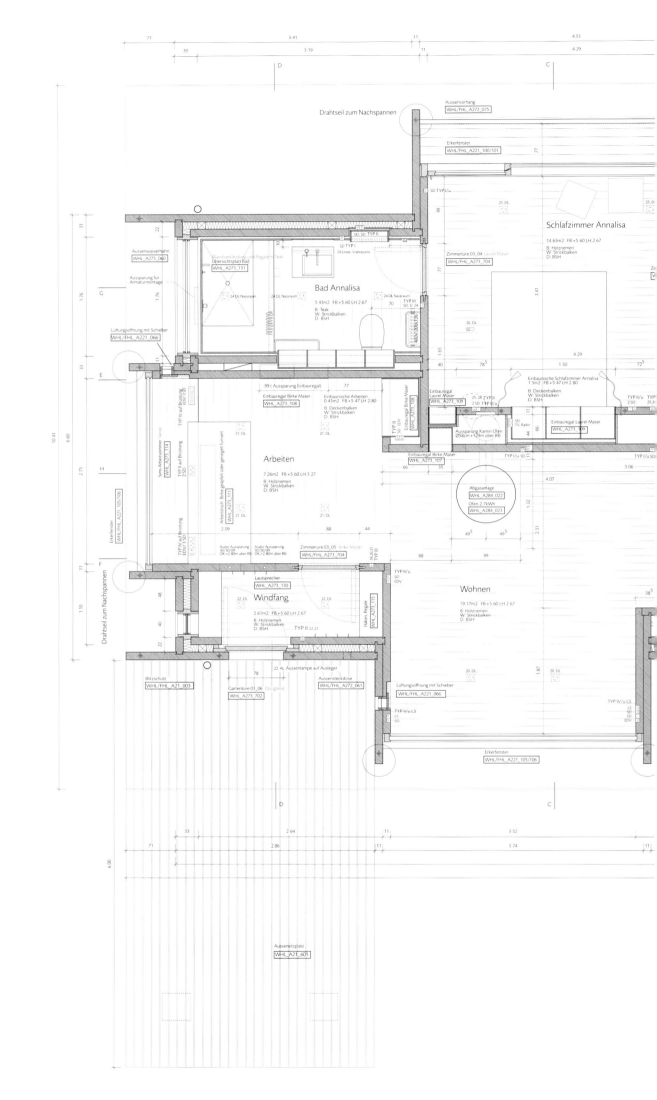

Drahtseil zum Nachspannen

Aussenvorhang
WHL/FHL_A272_075

Erkerfenster
WHL/FHL_A221_100/101

SD TYP I/u

Schlafzimmer Annalisa

14.63m2 FB +5.60 LH 2.67
B: Holzriemen
W: Strickbalken
D: BSH

Zimmertüre 03_04 Laurel Maser
WHL/FHL_A273_704

Aussenwasserhahn
WHL_A275_060

Wandverkleidung und Regale in Teak
Überschtsplan Bad
WHL_A273_151

Aussparung für
Armaturmontage

Bad Annalisa

5.43m2 FB +5.60 LH 2.67
B: Teak
W: Strickbalken
D: BSH

TYP III
SD: V. 24

Luftungsoffnung mit Schieber
WHL/FHL_A221_066

SD SD TYP II

SD, SD TYP I

24 Linee. Viabizzuno

24 DL Nassraum

24 DL Nassraum

24 DL Nassraum

Einbaunische Schlafzimmer Annalisa
1.5m2 FB +5.47 LH 2.80
B: Deckenbalken
W: Strickbalken
D: BSH

TYP II/u
2 SD

99 (Aussparung Einbauregal)

Einbauregal Birke Maser
WHL_A273_108

Einbaunische Arbeiten
0.43m2 FB +5.47 LH 2.80
B: Deckenbalken
W: Strickbalken
D: BSH

Einbauregal Birke Maser
WHL_A273_108

Einbauregal
Laurel Maser
WHL_A273_109

TYP II/u SD

TYP II
SD
Radio

Einbauregal Laurel Maser
WHL_A273_109

Arbeiten

7.26m2 FB +5.60 LH 3.27
B: Holzriemen
W: Strickbalken
D: BSH

Sims Arbeitszimmer Tanne

TYP IV auf Brustung
2 SD

Arbeitstisch Birke geseift oder geregelt lumeni
WHL_A273_111

TYP IV auf Brustung
EDV / 3 SD

Einbauregal Birke Maser
WHL_A273_107

Aussparung Kamin Ofen
Ø58cm +1.24m über RB

Abgasanlage
WHL_A284_022
Ofen 2.7kWh
WHL_A284_023

TYP I/u SD

TYP II/u

SD
EDV

Wohnen

19.17m2 FB +5.60 LH 2.67
B: Holzriemen
W: Strickbalken
D: BSH

Audio Aussparung
30/30/09
OK +2.80m über RB

Audio Aussparung
30/30/09
OK +2.80m über RB

Zimmertüre 03_05 Birke Maser
WHL/FHL_A273_704

Drahtseil zum Nachspannen

Erkerfenster
WHL/FHL_A221_105/106

Lautsprecher
WHL_A273_130

Windfang

2.61m2 FB +5.60 LH 2.67
B: Holzriemen
W: Strickbalken
D: BSH

Haken Regale
WHL_A273_115

TYP II

Blitzschutz
WHL/FHL_A21_003

23. AL Aussenlampe auf Ausleger

Gartentüre 03_06 Douglasie
WHL_A273_702

Aussensteckdose
WHL/FHL_A272_061

Luftungsoffnung mit Schieber
WHL/FHL_A221_066

TYP R/u LS
LS
SD

TYP IV/u LS

Erkerfenster
WHL/FHL_A221_105/106

Aussensitzplatz
WHL_A21_601

144

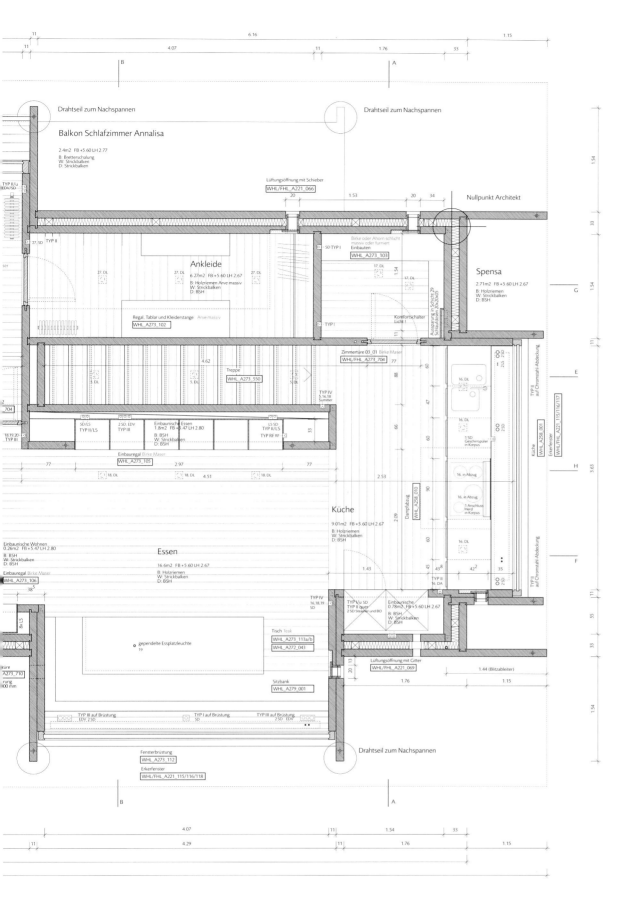

Drahtseil zum Nachspannen

Drahtseil zum Nachspannen

Balkon Schlafzimmer Annalisa

2.4m2 FB +5.60 LH 2.77

B: Bretterschalung
W: Strickbalken
D: Strickbalken

Lüftungsöffnung mit Schieber
WHL/FHL_A221_066

Nullpunkt Architekt

TYP II/u
EDV/SD

SD TYP I

Birke oder Ahorn schlicht
massiv oder furniert
Einbauten
WHL_A273_103

SD TYP II

Ankleide

6.27m2 FB +5.60 LH 2.67

B: Holzriemen Arve massiv
W: Strickbalken
D: BSH

Spensa

2.71m2 FB +5.60 LH 2.67

B: Holzriemen
W: Strickbalken
D: BSH

G

Regal, Tablar und Kleiderstange Arve massiv
WHL_A273_102

TYP I

Komfortschalter
Licht I

Zimmertüre 03_01 Birke Maser
WHL/FHL_A273_704

Treppe
WHL_A273_550

TYP IV
5,16,18
Summer

E

SD/LS
TYP II/LS

2 SD, EDV
TYP III

Einbaunische Essen
1.8m2 FB +5.47 LH 2.80

B: BSH
W: Strickbalken
D: BSH

LS SD
TYP II/LS

TYP RF RF

Einbauregal Birke Maser
WHL_A273_105

18, DL

18, DL

18, DL

H

Küche

9.01m2 FB +5.60 LH 2.67

B: Holzriemen
W: Strickbalken
D: BSH

Dampfabzug
WHL_A258_010

Einbaunische Wohnen
0.26m2 FB +5.47 LH 2.80

B: BSH
W: Strickbalken
D: BSH

Essen

16.6m2 FB +5.60 LH 2.67

B: Holzriemen
W: Strickbalken
D: BSH

Einbauregal Birke Maser
WHL_A273_106

F

TYP IV
16,18,19
SD

TYP I/u SD
TYP II quer
2 SD Steamer und BD

Einbaunische
0.78m2 FB +5.60 LH 2.67

B: BSH
W: Strickbalken
D: BSH

TYP II

gependelte Essplatzleuchte
19

Tisch Teak
WHL_A273_113a/b
WHL_A272_043

Lüftungsöffnung mit Gitter
WHL/FHL_A221_069

1.44 (Blitzableiter)

Sitzbank
WHL_A279_001

TYP III auf Brüstung
EDV 2 SD

TYP I auf Brüstung
SD

TYP III auf Brüstung
2 SD EDV

Drahtseil zum Nachspannen

Fensterbrüstung
WHL_A273_112

Erkerfenster
WHL/FHL_A221_115/116/118

B

A

Oberhus

976

3931

neue Bau

Türmlihus

3911

Unterhus

3902

3901

Trockenmauer

980

Weg

Hydrant

979

Weg

Fixpunkt 159
1526.08 m ü.M.

Fixpunkt 160
1531.46 m ü.M.

1028

983

213

213A

Hydrant

985

209

989

212

981

211

222

Kapelle

201

212A

982

210

208A

208

207

Fixpunkt 161
1524.58 m ü.M.

984

986

Restaurant Ganni

Gemeinde

987

988

Leis

Hisham's Palace, House of Mosaics, Jericho,
Palästinensische Autonomiegebiete
2006 – 2010

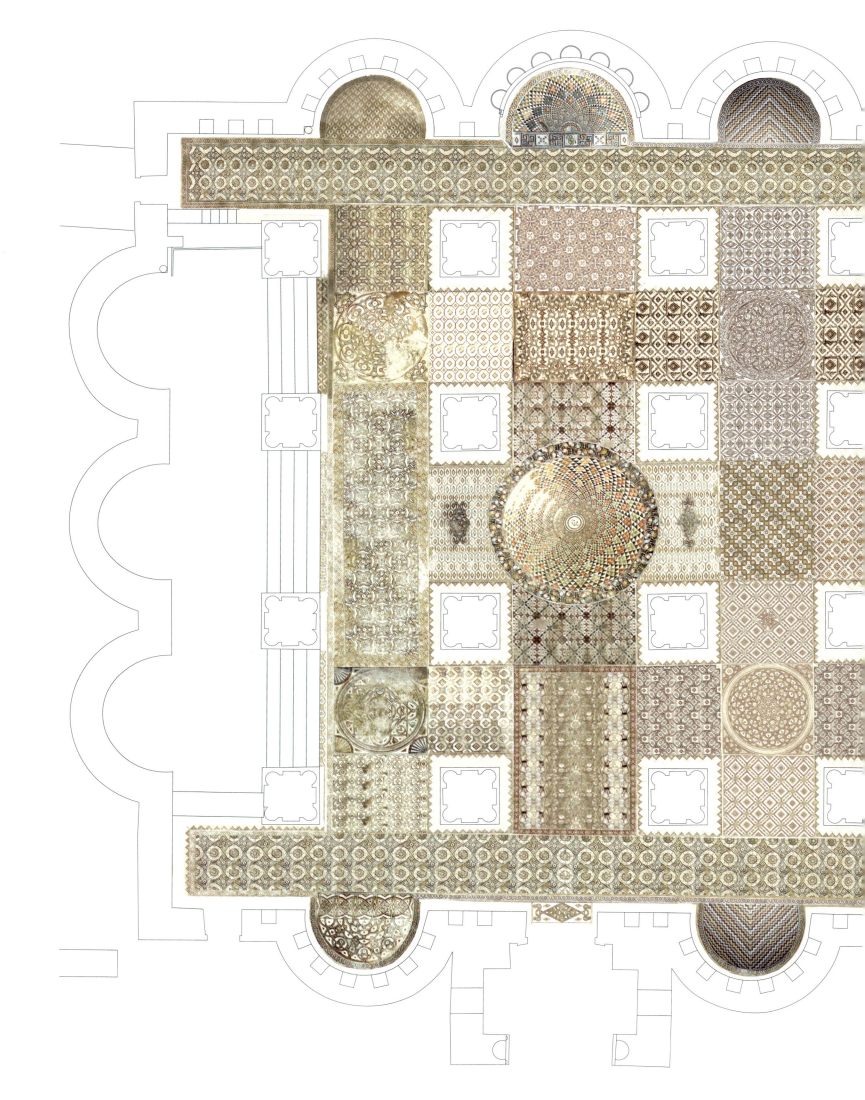

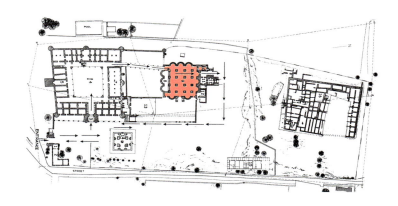

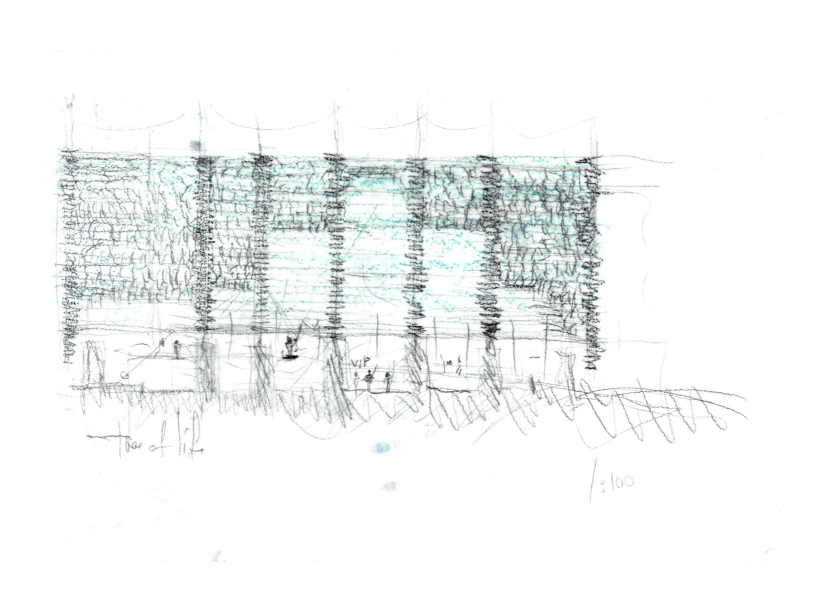

Tree of life

1:100

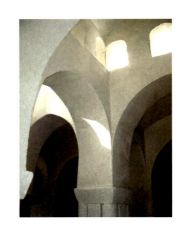

Hisham's Palace, in der Zeit der Herrschaft der Omaijaden entstanden, gilt als eines der frühesten Beispiele islamischer Architektur. Der Winterpalast, benannt nach dem Kalifen Hisham ibn Abd al-Malik (691–743 nach Christus) wurde von seinem Erben al-Walid II. 743/44 gebaut. Mit Ausnahme des grossen Badehauses, so lese ich in den historischen Beschreibungen, sei der grossartige Palast im Tal des Jordans, zweihundertsechzig Meter unter Meereshöhe gelegen, nie fertiggestellt worden. Schon im Jahre 749, wird berichtet, habe ein Erdbeben die Anlage wieder zerstört. Unter den Trümmern ist jedoch das ausserordentlich wertvolle Bodenmosaik des Badehauses erhalten geblieben. Es wurde in den 1930er und 1940er Jahren vom britischen Archäologen Robert W. Hamilton ausgegraben und später dokumentiert. Heute liegt eine schützende Sanddecke über dem Mosaik, und es kann deswegen nicht besichtigt werden.

Um zu verstehen und zu spüren, welches Raumerlebnis das Badehaus ursprünglich vermittelte, bauten wir auf der Grundlage der Rekonstruktionszeichnungen von Robert W. Hamilton mit einheimischen Architekten, Ingenieuren und Angestellten des Museums auf dem Gelände ein Modell im Massstab eins zu zehn. Es steht dort auf Stützen, so dass man den Innenraum durch ein Loch in der Bodenplatte betrachten kann. Als ich meinen Kopf ins Modell steckte, sah ich einen sakral anmutenden Innenraum, dessen Original die Bodenmosaike in ein weiches, abgedämpftes Licht getaucht haben muss. Diese Erfahrung hat unsere Entwurfsarbeit geprägt. Nicht zum ersten Mal verspürte ich den Wunsch, mit der Schutzhülle für die Überreste eines verlorenen Bauwerkes etwas von seiner ursprünglichen Atmosphäre wieder aufleben zu lassen.

Im Auftrag der Unesco haben wir ein schwebendes, leichtes Bauvolumen aus Zedernholz entworfen, das die Ruine der Badeanlage überdeckt und schützt. Die innere Struktur des Volumens rekonstruiert den durch das Erbeben zerstörten Innenraum des Badetempels auf abstrakte Art. Kreuzweise übereinandergeschichtete Balken bilden einen grossen Trägerrost, dessen Grundriss die Raumstruktur des verlorenen Gebäudes aufnimmt. In den Kassetten des Trägerrostes wird mit kreuz und quer eingeflochtenen schwarzen Stäben ein Deckengeflecht gebildet, das an die traditionelle Technik des «Maschrabiyya» erinnert. Das Flechtwerk liegt auf unterschiedlichen Höhen. Es zeigt die

Raumhöhen des ursprünglichen Gebäudes an: niedrige in den Seitenschiffen, hohe im Mittelschiff.

Das schwebende Schutzvolumen mit seinen von unten eingeschriebenen Deckenhohlräumen liegt auf Mauerpfeilern, die von einem früheren, wie man uns sagte «jordanischen» Rekonstruktionsversuch aus den 1960er Jahren stammen. In die neue Holzstruktur haben wir ein System von leichten Stegen eingehängt. Unter dem Schutz des grossen Dachvolumens steigt man von aussen auf den Stegrundgang hinauf, der es erlaubt, die vom Sand befreiten Bodenmosaike von oben zu betrachten, darunter den berühmten Lebensbaum im Diwan, dem Empfangsraum des Kalifen, der an den Hauptraum angrenzt.

Für das Palastareal als Ganzes erarbeiteten wir einen Masterplan mit zwei bewässerten Gärten, einem Pflanzengarten, «Bustan», und einem Blumengarten, «Hadika». Wir wollten etwas von der ursprünglichen Atmosphäre des Palastes wieder aufleben lassen. Dass das in der Sonne flirrende Volumen, erdacht zum Schutz und besseren Verständnis der erhalten gebliebenen Überreste des Badehauses, in der Ebene des bedrängten Jordantales, der West Bank, ein weithin sichtbares Wahrzeichen der einheimischen Kultur abgeben würde, hat uns gefreut.

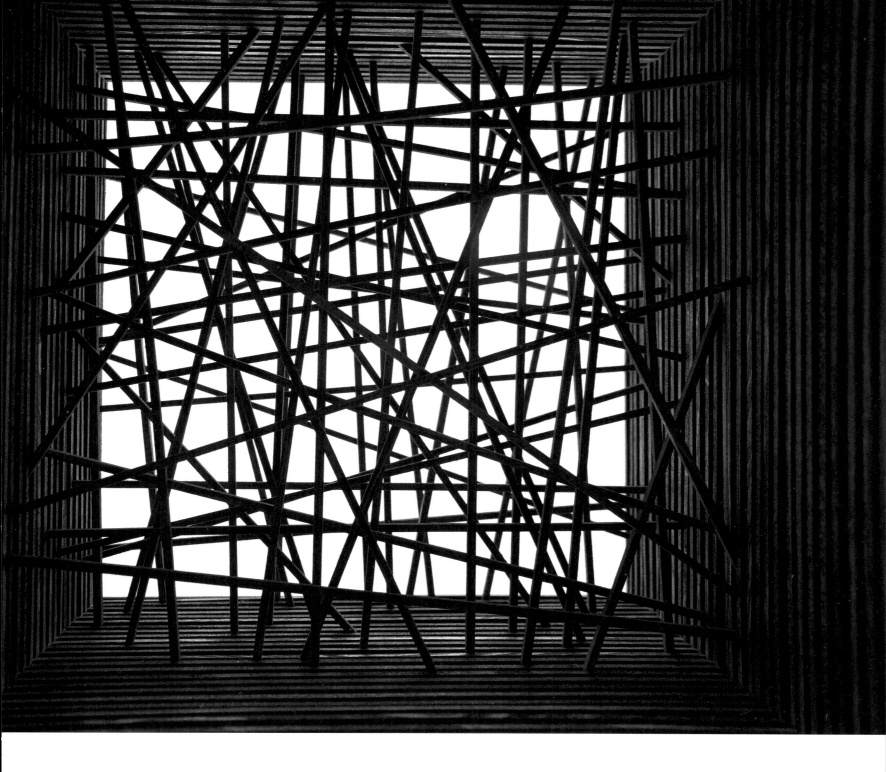

Steilneset, Memorial to the Victims of the Witch Trials
in the Finnmark, Vardø, Norwegen
2007–2011

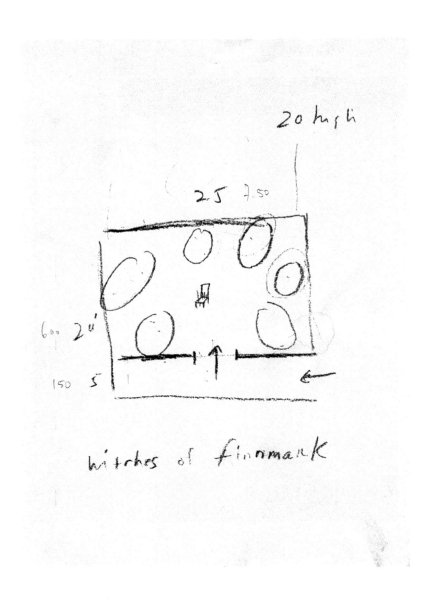

witches of finnmark

Vardø ist eine dem norwegischen Festland vorgelagerte kleine Insel in der Barentssee, nördlich des Polarkreises. Die baumlose Landschaft dieser Gegend ist eindrücklich. Eine struppige Vegetation auf dem felsigen Boden scheint sich im Wind zu ducken. Auf den ersten Blick ist sie unscheinbar, doch schaut man genauer hin, erkennt man einen feingliedrigen Pflanzenteppich mit einer Vielfalt von feinen und feinsten Formen, aus dem die intensiven Farben kleiner Blumen hervorleuchten.

Vardø war einmal ein ansehnliches Fischerdorf. Jetzt liegen nur noch wenige Fischerboote im Hafenbecken, und die langen Holzgestelle in der Landschaft, auf denen man einst Fisch trocknete, zerfallen. Viele Häuser stehen leer. Wohnzimmerfenster, in denen nach alter Sitte bei Dunkelheit ein brennendes Licht steht, gibt es nur noch wenige. Das fiel mir bei meiner Ankunft im Winter 2007 auf, nachdem die Flugzeuge, die mich dorthin brachten, von Flugplatz zu Flugplatz immer kleiner geworden waren.

Zwischen 1600 und 1692 wurden in Vardø einundneunzig Menschen als Hexen verurteilt und verbrannt, vor allem Frauen, aber auch einige Männer der indigenen Sámi-Bevölkerung. Bevor man diese Menschen an einen Pfahl band und verbrannte, hatte man ihnen den Prozess gemacht. Die Akten zu diesen Prozessen sind erhalten geblieben. Die Historikerin Liv Helene Willumsen hat sie in ihrem Buch *The Witchcraft Trials in Finnmark Northern Norway* (Leikanger 2010) publiziert und kommentiert.

Aufgrund dieser Akten hat Liv Helene Willumsen für unser Projekt kurze biografische Texte über die als Hexen verbrannten Menschen verfasst. Diese haben wir auf einundneunzig Seidentücher geschrieben und im Innern des neuen Gebäudes, das nach so langer Zeit nun endlich an die ermordeten Menschen erinnern soll, aufgehängt. Neben jedem Tuch, das dort hängt und auf dem man nachlesen kann, zu welch absurden Taten die Menschen sich nach einigen Prozesstagen bekannten, gibt es ein kleines Fenster mit einem Licht darin, das immer brennt.

Unser Gebäude ist ein schwebender Raum aus Stoff. Er besteht aus einem mit Teflon überzogenen Fiberglasgewebe, das die Anmutung von Segelstoff hat. Der weiche textile Körper ist auf ein Holzgestell gespannt und gross genug, um die einundneunzig Fenster und Texte aufzunehmen. Er bewegt sich im stetigen Küstenwind. Die aufgehängten Glühbirnen vor den Fenstern schaukeln sanft.

Steilneset heisst der Ort an der Küste, an dem das lange Gebäude steht, es ist die Stelle, an der die verurteilten Menschen verbrannt wurden. An den Akt der Verbrennung erinnert eine Installation von Louise Bourgeois, für die wir nach ihren Angaben eine Hülle aus siebzehn frei stehenden Glastafeln gebaut haben. Ihre Angaben hat sie uns als Skizze, die auf Seite 170 abgebildet ist, per Fax übermittelt. Die Installation im Innern des Pavillons besteht aus sieben grossen Spiegeln, die ein Feuer vervielfachen und verzerren, das aus der Sitzfläche eines Stuhles dringt.

Die Texte von Liv Helene Willumsen auf den Seidentüchern im Innern des Gebäudes sind kleine sprachliche Kunstwerke. Unter dem Namen des jeweiligen Opfers stehen das Geburtsdatum, das Datum der Verbrennung, man liest die Anschuldigungen des Gerichtes, die Bekenntnisse des Opfers und schliesslich das fast immer gleichlautende Urteil: Verbrennung am Pfahl. Wenn man durch das Gebäude geht und sich auf die Texte einlässt, erfährt man etwas über längst vergangene Leben, über Ungerechtigkeit im Kleide des Rechts und über den Tod.

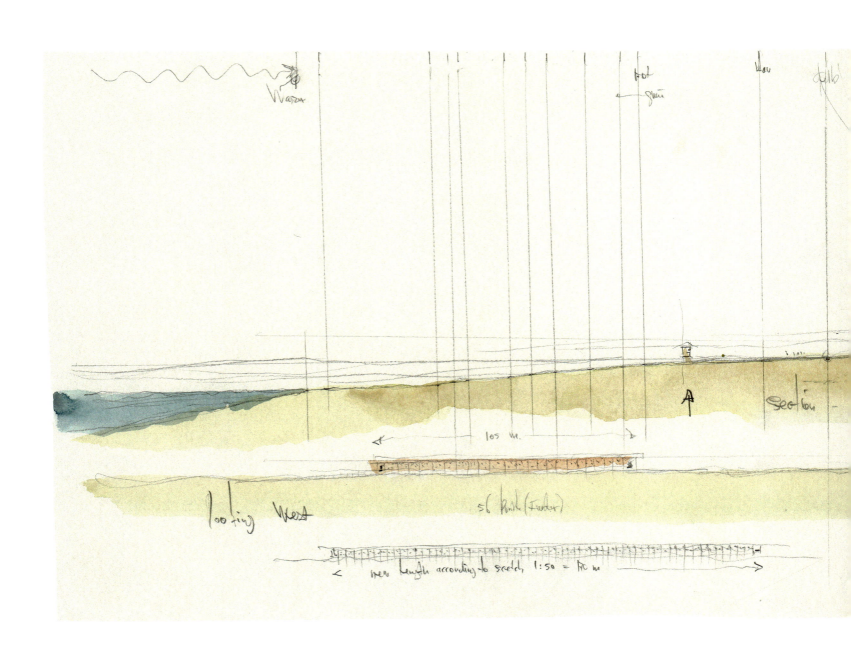

looking West

105 m.

56 km/h (Feder)

new length according to sketch. 1:50 = 70 m

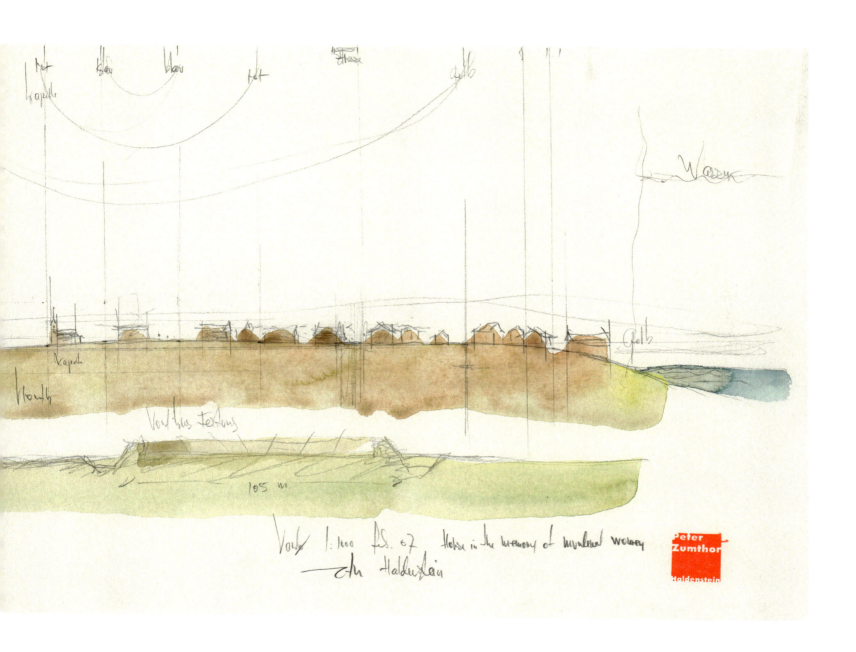

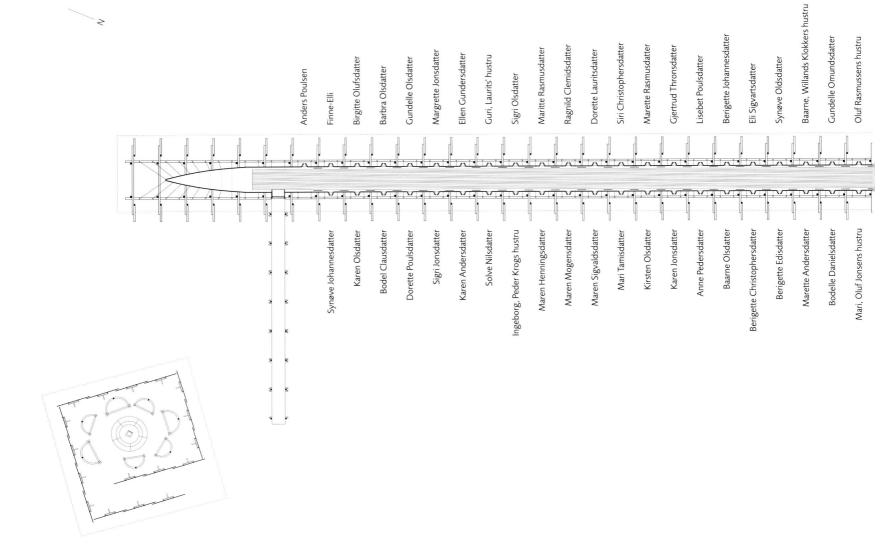

Anders Poulsen
Finne-Elli
Birgitte Olufsdatter
Barbra Olsdatter
Gundelle Olsdatter
Margrette Jonsdatter
Ellen Gundersdatter
Guri, Laurits' hustru
Sigri Olsdatter
Maritte Rasmusdatter
Ragnild Clemidsdatter
Dorette Lauritsdatter
Siri Christophersdatter
Marette Rasmusdatter
Gjertrud Thronsdatter
Lisebet Poulsdatter
Berigette Johannesdatter
Eli Sigvartsdatter
Synøve Oldsdatter
Baarne, Willands Klokkers hustru
Gundelle Omundsdatter
Oluf Rasmussens hustru

Synøve Johannesdatter
Karen Olsdatter
Bodel Clausdatter
Dorette Poulsdatter
Sigri Jonsdatter
Karen Andersdatter
Solve Nilsdatter
Ingeborg, Peder Krogs hustru
Maren Henningsdatter
Maren Mogensdatter
Maren Sigvaldsdatter
Mari Tamisdatter
Kirsten Olsdatter
Karen Jonsdatter
Anne Pedersdatter
Baarne Olsdatter
Berigette Christophersdatter
Berigette Edisdatter
Marette Andersdatter
Bodelle Danielsdatter
Mari, Oluf Jonsens hustru

Sissel Pedersdatter

Solve Andersdatter

Lisbet, Oluf Nilsens hustru

Marette, Oluf Mørings hustru

Marrite Thamisdatter

Kirsten, Rasmus Siversens hustru

Kari, Jetmund Siversens hustru

Marrite Edisdatter

Gundell Olsdatter

Elin Thorstensdatter

Rasti Rauelsen

Lisebet Nilsdatter

Anne Lauritsdatter

Gøri Olsdatter

Kari Olufsdatter

Mari Jørgensdatter

Siri Knudsdatter

Nils Jonsen

Mons Andersen

Gamle Zare

Peder Mand

Christen Skredder

Mari, Østens hustru

Nils Sarresen

Nils Rastesen

Anne Mattisdatter

Sarve Pedersen

Ingeborg Jørgensdatter

Synøve, Anders Nordmørings hustru

Quiwe Baarsen

Karen Morgensdatter

Anne Edisdatter

Find Thordsen

Ingri, Thorkild Andersens hustru

Kirsten Sørensdatter

Guri Olufsdatter

Ragnhilde Olufsdatter

Marrite Olufsdatter

Elsebe Knudsdatter

Karen Edisdatter

Lisbet, Peder Torfindsens hustru

Mons Storebarn

Anne, Laurits Pedersens hustru

Morten Olsen

0   1   5   10

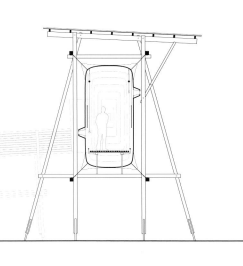

0   1   2   5

Konzeption: Peter Zumthor, Thomas Durisch, Beat Keusch
Gestaltung: Beat Keusch Visuelle Kommunikation, Basel – Beat Keusch,
Angelina Köpplin
Künstlerische Beratung: Arpaïs Du Bois
Lektorat: Jürg Düblin
Lithografie: Georg Sidler, Samuel Trutmann
Druck und Bindung: DZA Druckerei zu Altenburg GmbH, Thüringen

Bildnachweis siehe Anhang Band 5

Dieses Buch ist Band 4 des fünfbändigen Werks
Peter Zumthor 1985–2013 und nicht einzeln erhältlich.

© 2014 Verlag Scheidegger & Spiess AG, Zürich

Neuausgabe 2024: ISBN 978-3-03942-247-0

Englische Ausgabe: ISBN 978-3-03942-248-7

Verlag Scheidegger & Spiess AG
Niederdorfstrasse 54
8001 Zürich
Schweiz

Der Verlag Scheidegger & Spiess wird vom Bundesamt für Kultur mit
einem Strukturbeitrag für die Jahre 2021–2024 unterstützt.

www.scheidegger-spiess.ch